黃公望富春山居圖

翰墨軒

名家翰墨

黃公望富春山居圖

[元]黃公望《剩山圖》　31.8×51.4公分　浙江省博物館藏

Huang Gongwang, *The Leftover Landscape*　31.8×51.4cm　Collection of Zhejiang Provincial Museum

◀ [元]黃公望《富春山居圖》(無用師卷)　33×636.9公分　故宮博物院(臺北)藏
Huang Gongwang, *Dwelling in the Fuchun Mountains* (*Wuyong* scroll)　33×636.9cm　Collection of Palace Museum, Taipei

大癡畫卷予所見若檇李項氏家藏沙磧圖長不及三尺婁江王氏江山萬里圖可盈丈筆意頹然不似真跡唯此卷規摹董巨天真爛熳復極精能展之得三丈許應接不暇是子久生平最得意筆憶在長安每朝參之隙徵逐周臺幕請此卷一觀如詣寶所虛往實歸自謂一日清福心脾俱暢頃奉使三湘取道涇里友人華中翰為予和會獲購此圖藏之畫禪室中與摩詰雪江共相映發吾師乎吾師乎一丘五岳都具是矣

丙申十月七日書于龍華浦舟中　董其昌

世傳富春山居圖為黃子久
畫卷之冠昨年得其所為
山居圖者有董香光鑒跋
時方謂富春圖別為一卷屢
題寄意後於沈德潛文中
知其流落人間庶幾一遇為
快丙寅冬或以書畫求售多
名賢真蹟則此卷在焉上有
沈文王鄒董五跋德潛所見
者是也因以二卷並觀始悟
舊藏即富春山居真蹟其
題籤偶遺富春二字向之疑
為兩圖者實悞甚矣鑒別
之難也至董跋兩卷一字不
易而此卷筆力茶弱其為贗
鼎無疑惟畫格秀潤可喜亦

易而此卷筆力荼弱其為贗
鼎無疑惟畫格秀潤可喜亦
如雙鉤下真跡一等不妨竝存因
并所售以二千金留之俟續入石
渠寶笈因為辨說識諸舊
卷而記其顛末於此俾知
予市駿雅懷不同於侈收
藏之富者適成為葉公之
好耳
乾隆御識

臣梁詩正奉
敕敬書

嘉慶鑑賞

至正七年僕歸富春山居
無用師偕往暇日於南樓援筆寫成此卷興
之所至不覺亹亹布置如許逐旋填劄閱

三希堂精鑑璽

宜子孫

三四載未得完備盖因留在山中而雲遊在外
故尔今特取回行李中早晚得暇當為着筆
無用過慮有巧取豪敚者俾先識卷末庶
使知其成就之難也十年青龍在庚寅歜
節前一日大癡學人書于雲間夏氏知止堂

大癡黄翁在勝國時以山水馳聲東
南其博學惜為畫所掩所至三教之人
雜然問難翁論辯其間風神疏逸
口如懸河今觀其畫無可想見其標
致墨法筆法深得董巨之妙此卷全
在巨然風韻中來後尚有一詩名筆

右巨然風韻中來後尚有一時名筆題後歲久脫去獨此畫無恙豈翁在仙之靈而有以護持耶舊在余所既失之今節推樊公重購而得又豈翁擇人而陰授之耶節推蒞吾蘇文章政事著爲名流雅好翁筆特因其人品可尚不然時豈無塗朱抹綠者其水墨淡淡要足致節推之重如此初翁之畫亦未必期後世之識後世自不無昜子雲也

家者亦須看人品何如耳人品高則画亦
高古人論書法亦然
弘治新元立夏主長洲後學沈周題

右大癡長卷昔在石田先生處
既失去乃想像為之逐還舊觀而
吾蘇節推樊公得之是成化丁
未歲也至弘治改元節推以復

滸氏本識可謂之合璧矣今又
為吾里重所滸墅石田所謂
擇其人而授之者耶里重來
南京出二卷相示而題其後
隆慶庚午胃後學文彭記

文彭之印

隆慶二年中秋後三日敬觀於梁溪

談氏澂懷閣　太原王穉登

百谷閱後四十二日周之陸在天籟堂得併觀二卷者豫日

余生平喜畫師子久每對知者論子久畫書
中之右軍也聖矣至若富春山圖筆端變化鼓
舞又右軍之蘭亭也聖而神矣海内賞鑒
家願望一見不可得余辱
問卿知凡再三見竊幸之矣問卿何緣乃与
之周旋數十載置之枕藉以卧以起陳之座右
以食以飲倦為之爽悶為之歡醉為之醒家有

雲起樓山有秋水庵夫以據一邑之勝矣溪山之外别具溪山圖畫之中更添圖畫且也名花繞屋名酒盈樽名書名畫名玉名銅環而拱一富春圖嘗聞天上有富貴神仙豈勝是耶又聞子久當年元是仙人故遺此跡與問卿遊戲耶

國寶時問卿一無所問獨徒跣而攜此卷嗟乎此不第情好寄之直性命殉之矣彼五岳有真形圖而富春亦有之可異也當年此圖

有真形者亦富春之有之可異也嘗以當
畫與僧無用追隨問卿護持此卷者亦是一
僧可異也庚寅畫、題畫人亦又適庚寅可異
也雖肰余欲加一轉語焉繪畫小道耳巧取
豪奪何必癸計載之記中也東坡不云乎米
上偶肰留指爪鴻飛那復記東西問卿目空
一世胸絕纖塵乃時移事遷感慨係之豈
愛根猶未割耶龐居士不云乎但願空諸所有
不欲實諸所無嗟乎余言亦太饒舌矣

野老鄒之麟識

黃子久富春山居圖係紙本長尺許濶
三丈餘寫付無用和尚者起至正七年
成至正十年未成時恐人巧取豪敚先
書無用本號後綴成之見子久自記語
中後有沈石田文文水王百穀董思白

中後有沈石田文文水王百穀董思白
鄒衣白五跋其元人及明初人跋歸石
田時已經脫落矣按子久於元四大家
中為冠而此卷又為生平神来之筆比
之右軍蘭亭不虛也入
國朝歸高江村詹事詹事以六百金收之
後歸王儼齋司農亦如其直司農沒僕
人挾之来蘇適月無售者稔轉之維揚
矣計詹事司農品地聲勢極一時之盛
今不三四十年如春花飄零雲煙解散
而山人筆墨長留人世閱洵穠華難久
而淡寂者多味外味也雍正戊申觀於
黃鸝坊其氏時六月二日
戊申歲於黃鸝方其氏閱黃子久富春

山居圖時儼齋王司農家人持卷求售
索直千金吴中無大力者將之維揚後
亦不知所之矣乙卯秋予寓京師程子
蕤江於安氏借得此卷邀予往觀不啻
重見故友也畫在明代為白石翁物後
歸樊節推家後歸吴明卿入
國朝歸高江村後歸王儼齋迄今在三韓
安氏予既幸前賢名跡流傳人代著有
鬼物呵護其間又以文人學士不能有
之而為之主者惟侈寶玩之多賈直之
重以為豪舉此卷亦未為得所也後有
如白石翁者或更當歸之
右沈德潛二跋
乾隆丙午仲冬月　臣金士松奉

乾隆丙午仲冬月　臣金士松奉

勅補書

此石渠寶笈次等黃公望富春山居圖乃安岐舊物沈德潛所為兩跋自明沈周至

本朝高士奇王鴻緒所珎藏歎賞者及歸

天府以校石渠舊藏富春山居圖始知公望真蹟久登

秘笈是卷特仿本之佳者耳夫家有敝帚享之千金其境地相遠淆於流別者更何足道若沈周以下皆數百年來所稱賞鑒家而此幅又致佳本當其贊美題識流傳珎弃固自以為人世希有壯觀

石不知一邦一堅之隸不足與語試篤

濠濮之境一吟一詠之美不足與入禮
樂文章之府也至伏讀
御製題公望真蹟記因一事獲三益觸類於
出治用人即古人一筆墨之妙而觀其
道見其大蓋無在非
精義要道之發以公望之靈思神筆具仰
睿賞之有真而即此規仿精良者亦登次等
道無棄材義有差等仍
命書沈德潛兩跋於是卷末更徵
化裁含覆之廣大也夫 臣梁國治 臣劉墉 臣
曹文埴 臣彭元瑞 臣王杰 臣金士松 臣
董誥拜手稽首恭跋 臣金士松敬書

[元]黃公望《剩山圖》
31.8×51.4公分
浙江省博物館藏
Huang Gongwang,
The Leftover Landscape
31.8×51.4cm
Collection of Zhejiang Provincial Museum

畫苑墨皇元黄子久富春山居圖真迹
燼餘殘本梅景書屋秘寶
己卯元旦吳湖帆題
21202

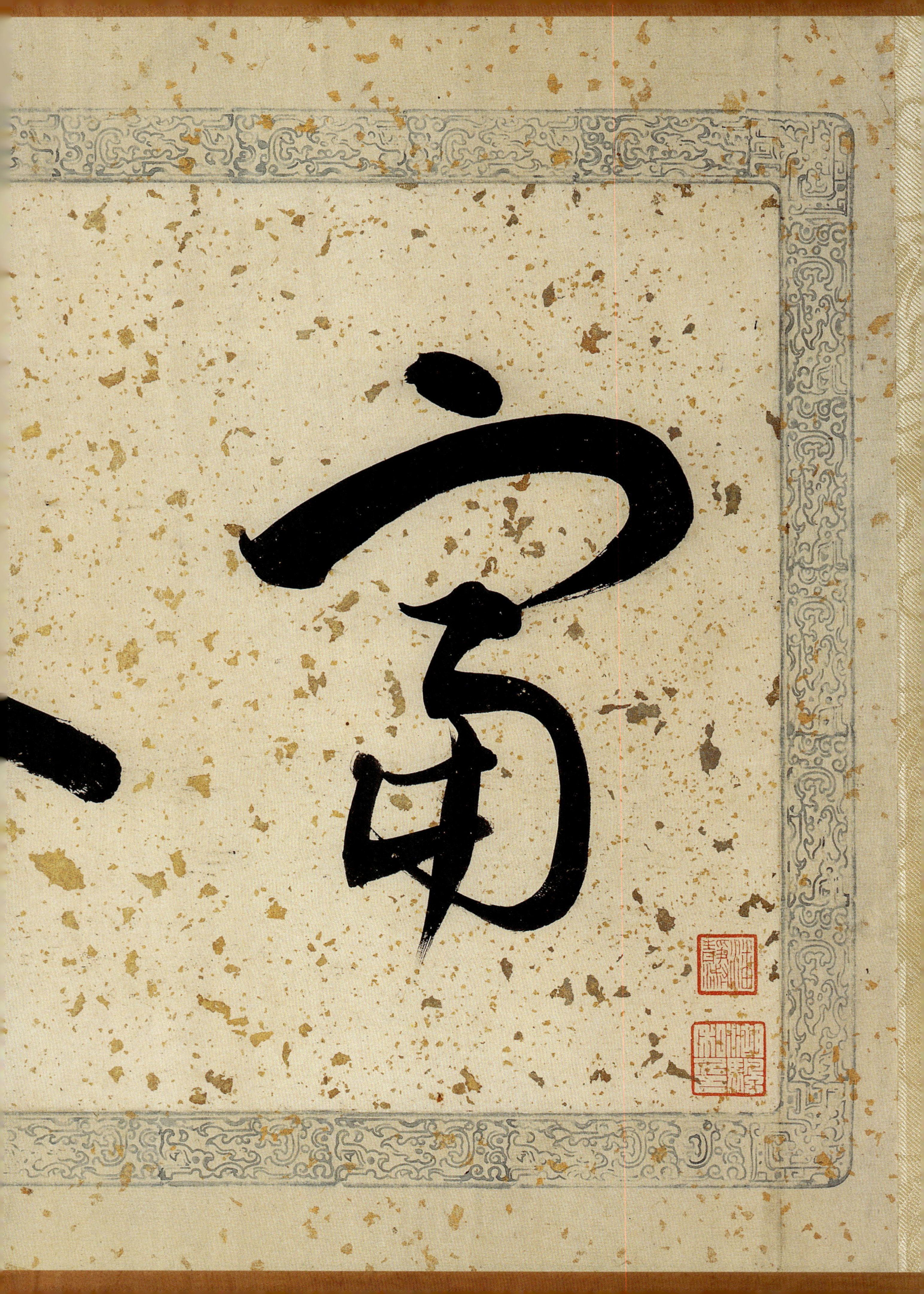
富

一

一角

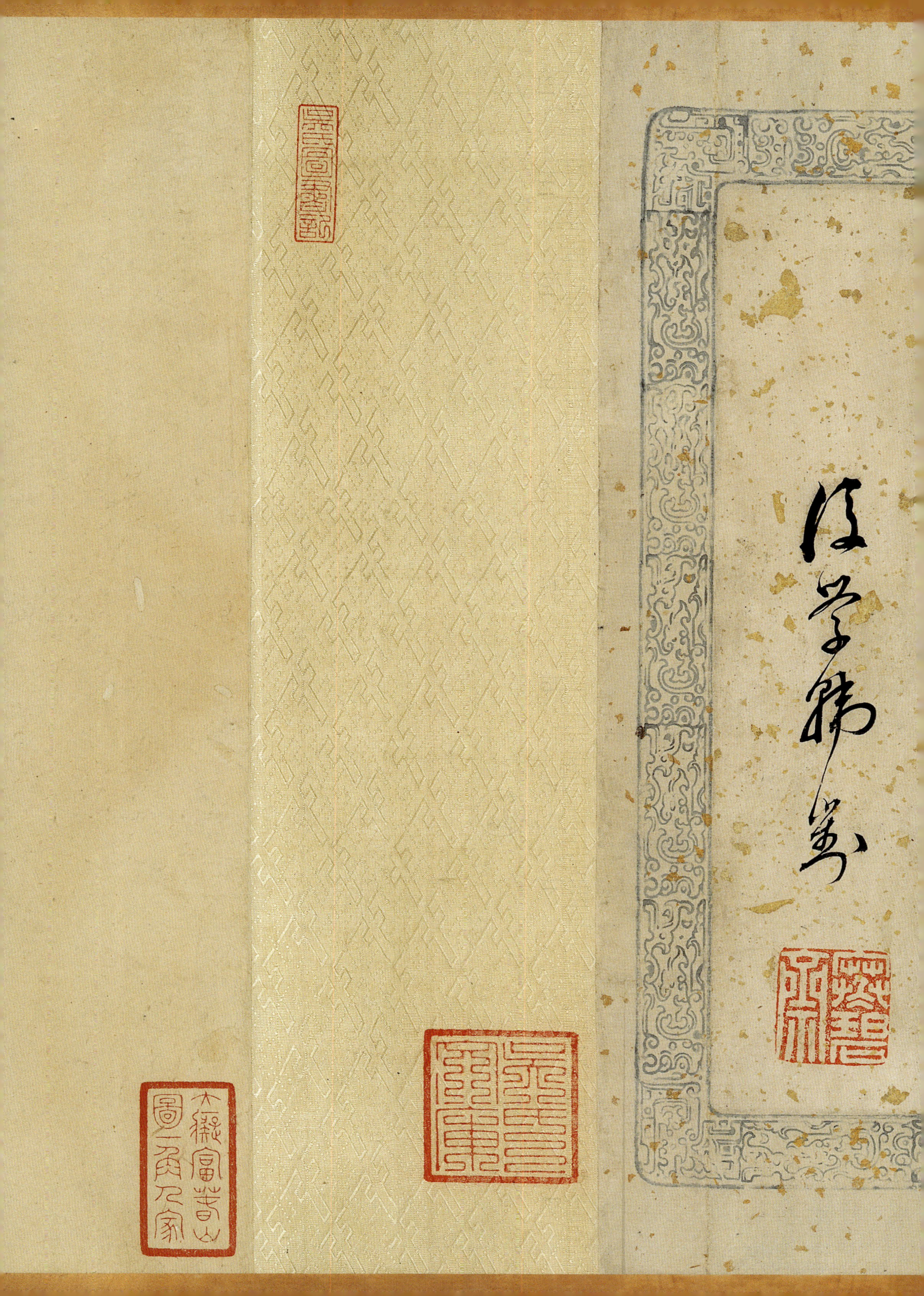

元高士黃公公望

少舉神童博綜羣藝善寫山水法篆通隸

己卯人日後學王同愈錄五百名賢圖贊 時年八十五

元黄子久富春山居圖卷真迹

燼餘殘本

此為荊溪吳氏雲起樓所藏之
本也前幅尚有數尺已罹劫灰其
後幅久歸清內府曩歲余與
湖帆共預故宮博物院審查書畫
之役得寓目焉玄冬
湖帆獲此屬為題眉時廿六年
元日尹默並志

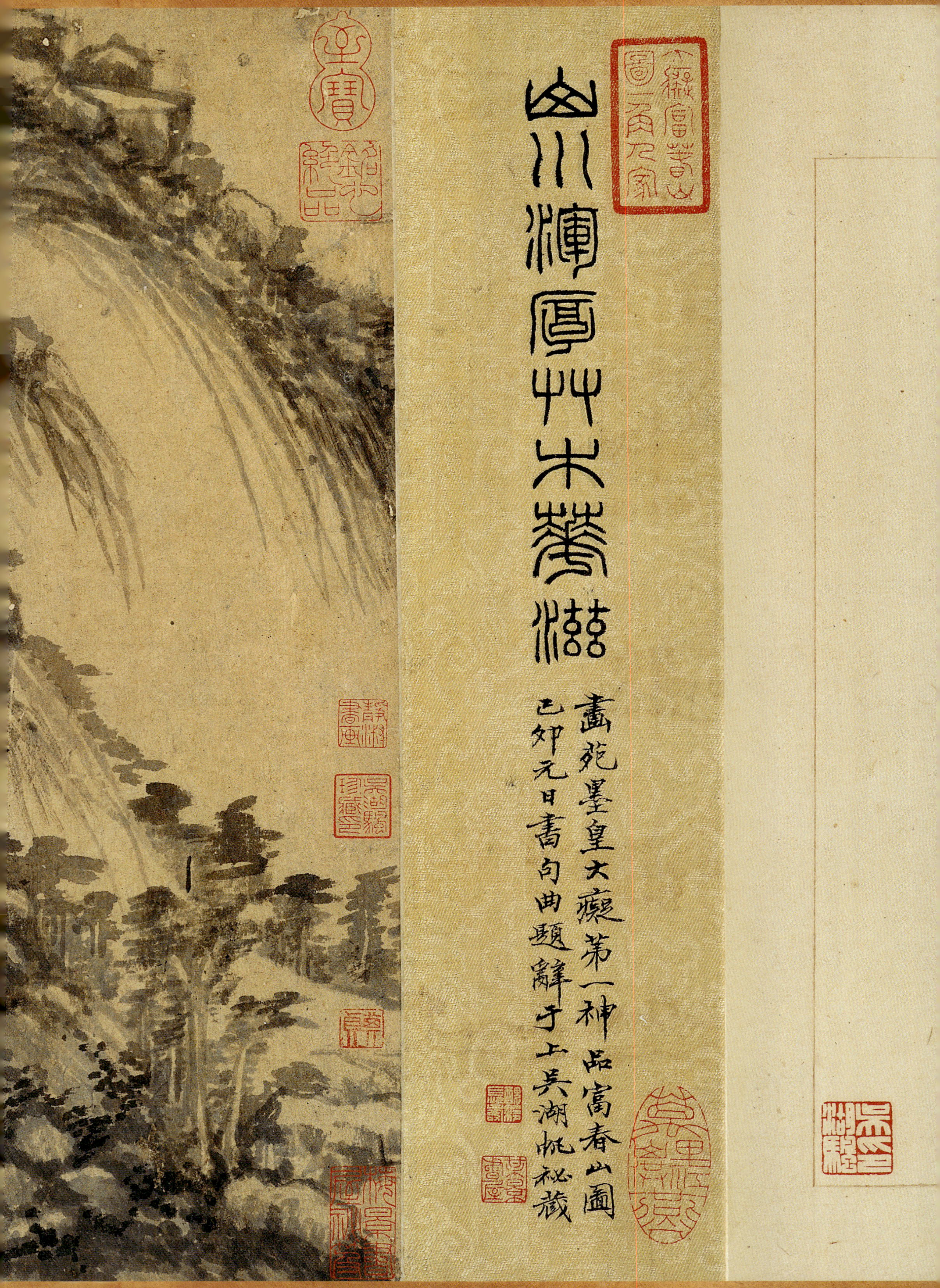
山川渾厚草木華滋
畫苑墨皇大癡第一神品富春山圖
己卯元日書句曲題辭于上吳湖帆祕藏

吾家梅景書屋所藏第一名迹潘靜淑記

剩山圖者蓋黃大癡先生所作富春山圖前一段也自先生寫書圖出膾炙古今天下人口久推為名家第一向為宜興吳子問卿氏珍藏順治庚寅間問卿且死愛不能舍直焚以為殉其從子〻文不忍以名物遽燼之扨灰遂棄其贉瓷旋投以他冊易出〻而已燬去其十之三四矣是此圖已不能復為全璧題之曰剩山悲夫然猶幸其結構完全儼然富春山在望其後段所存者亦尚有延袤數紙然僅屬餘燼未若此段之為首尾神可寶也子文真此圖

於臣考斷豈為好事者多金購去其後陵久歸之秦興季宦而興前一歲則為新安吳寄谷先生篋中秘寶寄谷因為余購得三朝寶繪圖選汰再四已盡畫古今名人勝事而尚未得成編戊申冬慨然復以此圖見惠余覽之覺天趣生動風度超然因思可與三朝寶繪諸圖共傳不朽也因并出近所得元章先生溪山雨餘圖裝成全冊計共廿四幅後之君子其亦覽此圖而悲其所遇之不偶也夫

康熙己酉春二月望日

廣寧王廷賓師臣識

富春真迹廣寧王氏本與泰興季氏本連接處合影

上方吳之矩白文方印中間火痕均在騎縫處下方石坡小樹沙腳除火痕空處各經補筆外餘皆一氣連屬圖中火痕五孔愈前愈巨可證此本之前已毀去若干矣癡翁欵識在季氏本之末一并影入湖帆記

彡本依原本縮成百分之

右下方有其貞

第一火痕處

第二火痕處

日詩初來云彼藏
有寄谷書畫記
六卷此夲錄入也

第三火痕適當兩紙接
處故最上吳之矩騎縫印
處存原紙連接約一寸半
下即火痕山脚適在缺處
後經補綴故與後紙反不連
續寔後幅山脚隱隱尚存
澹墨痕且寶笈三編印季
字半圓印皆鈐在缺處未
經補筆
第四火痕處

第五火痕處原本上後
半尚存火痕兩處愈後〻愈
孔痕愈小

至正七年僕歸富春山居
無用師偕往暇日於南樓援筆寫成此卷興
之所至不覺亹亹布置如許逐旋填劄閱
三四載未得完備蓋因留在山中而雲遊在外
故尔今特取回行李中早晚得暇當為着筆
無用過慮有巧取豪敓者俾先識卷末庶
使知其成就之難也十年青龍在庚寅歜
節前一日大癡學人書于雲間夏氏知止堂

此卷真迹僅存燼餘二尺弱前後無款字故將故宮博物院所藏下半卷
泰興季氏本之原款識一併攝影裝入以備考證
清高宗先得之山居圖款識既非癡翁歸富春之年又非為無用師而作更非
為吳氏雲起樓舊藏之本不知聖明睿哲之高宗一時阿私何所據而云然且
在山居圖上前後五十五跋之多誤認數十年之久奇矣

大癡黃翁在勝國時以山水馳聲東南其博學惜為畫所掩所至
三教之人雜然問難翁論辯其間風神疎逸口如懸河今觀其畫亦
可想見其標致墨法筆法深得董巨之妙此卷全在巨然風韻中來

後尚有一時名筆題跋，歲久脫去，獨此畫無恙，豈翁在仙之靈而有所護持耶？舊在余所，既失之，今節推樊公重購而得，又豈翁擇人而陰授之耶？節推蒞吾蘇，文章政事著為名流，雅好翁筆，特因其人品可尚，不然，時豈無塗朱抹綠者？其水墨淡淡，安足致節推之重如此。初，翁之畫亦未必期後世之識，後世自不無揚子雲也。噫！以畫名家者，亦須看人品何如耳。人品高則畫亦高，古人論書法亦然。

弘治新元立夏，長洲後學沈周題。

右大癡長卷，昔在石田先生處，既失去，乃想像為之，遂還舊觀。為吾蘇節推樊公得之，是成化丁未歲也。至弘治改元，節推公復得此本，誠可謂之合璧矣。今又為吾思重所得，豈石田所謂擇其人而授之者耶？思重來南京，出二卷相示，為題其後。隆慶庚午四月，後學文彭記。

隆慶辛未中秋後三日敬觀梁溪談氏徵懷閣 太原王穉登

百谷閱後四十二日周天球在天籟堂得并觀二卷者彌月

大癡畫卷予所見若檇李項氏家藏砂磧圖長不及三尺婁江王氏江山萬里圖可盈丈筆意頹然不似真迹唯此卷規摹董巨天真爛熳復極精能展之得三丈許應接不暇是子久生平最得意筆憶在長安每朝參之隙徵逐周臺幕請此卷一觀如詣寶所虛往實歸自謂一月清福心脾俱暢頃奉使三湘取道涇里友人華中翰爲予和會獲此圖藏之畫禪室中與摩詰雪江共相映發吾師乎吾師乎一丘五岳都具是矣丙申十月七日書于龍華浦舟中董其昌

余生平喜畫師子久每對知者論子久畫書中之右軍也聖矣至若富春山圖筆端變化鼓舞又右軍之蘭亭也聖而神矣海內賞鑒家

願望一見亦不可得余辱問卿知凡再三見竊幸之矣問卿何緣乃
與之周旋数十載置之枕籍以卧以遊陳之座右以食以飲倦為之
爽悶為之歡醉為之醒家有雲起楼山有秋水菴大以據一邑之勝
矣溪山之外别具溪山圖畫之中更添圖畫且也名花繞屋名酒盈樽
名書名畫名玉名銅環而拱一富春圖嘗聞天上有富貴神僊豈
勝是耶又聞子久當年元是仙人故遺此迹與問卿遊戲耶國
變時問卿一無所問獨跳徙而攜此卷嗟乎此不第情好寄之直
性命徇之矣彼五岳有真形圖而富春亦有之可異也當年此圖畫
與一僧無用追隨問卿護持此卷者亦是一僧可異也庚寅畫畫題
畫人來又適庚寅可異也

湖帆按王廷賓跋云順治庚寅問卿且死愛不能割直焚以為殉云可知逸老題畫與問卿死同在是年以畫殉火蓋逸老所初不料也更可異也

雖然余欲加一轉語焉繪畫小道耳巧取豪敓何必

蚤計載之記中也東坡不云乎水上偶然留指爪鴻飛那復記東西閱卿月空一世胸絕纖塵乃時移事遷感慨系之豈愛根猶未劃耶罷居士不云乎但願空諸所有不欲實諸所無嗟乎余言亦太饒舌矣野老鄒之麟識

右諸家跋皆自故宮博物院藏本之後錄入戊寅冬月吳湖帆

黄子久至正七年翁時年七十九歲歸富春為無用禪師作富春山居圖長卷越三年而成數百年來膾炙天下推為藝林冠冕鄒臣虎比之右軍蘭亭謂聖而神矣成化以前藏吾鄉沈石田徵君處弘治元年為吾蘇節推樊公所獲見三橋跋語中節推名字未詳越八十二年又為談思重者得之亦見三橋跋是為隆慶四年也翌歲之秋王百穀觀于梁溪談氏徵懷閣周公瑕觀于天籟堂公瑕真迹書天籟堂式古堂刻作天籟閣是否項氏天籟閣抑公瑕筆誤而卷尾國無項子京印也又越廿六年萬歷廿四年董思翁奉使三湘取道涇里得友人華中翰之介而得之據董氏跋云憶在長安每朝參之隙徵逐周臺幕請此卷一觀如詣寶所則此卷之不在樊君處不在梁溪談氏不在天籟堂久矣按鄒臣虎跋在順治七年上越董氏跋五十五年跋云閱御何緣乃與之周旋數十

圖[illegible]

載可知歸董氏未久即歸荆溪吳問卿〻〻築雲起樓以貯之此卷藏於問卿家甚時較久又得董思翁鄒臣虎諸家之宣譽故富春山居圖與吳氏雲起樓幾成肌膚並論千古不朽矣迨問卿彌留遺命以富春真迹為殉投之火中於是富春真迹人間烏有之謎傳之二百餘載不禁與蘭亭玉匣同慨

富春之作為無用禪師富春之藏最著者為吳問卿明清以來若清河式古大觀江村諸書所載綦詳無一異辭獨清高宗因乾隆十年冬先得山居圖卷寔富春之摹本也款識大癡為子明隱君作記年曰至元戊寅後有宣德間孔諤跋詩筆法亦粗獷無雅韻高宗誤為真迹翌年丙寅之冬由傅文忠之進介得富春真迹反韓幹畫馬東皮書等色先入為主之見反以真迹為贋鼎並認山居圖山居之上遺

既富春二字穿鑿臆斷獵標創議并粘沈文慤作跋辭于偽本之後又命梁文莊書貶語于真迹之上顛倒白煮鶴焚琴而後世耳食之徒認天語褒題為繩準附和讚賞而有識者正傷心不置也丁丑戊寅以還吾江浙遍遭兵亂故家文物散落至夥今冬初由汲古閣曹君携宋元明大冊來蘇之獲此卷蓋即王師臣三朝寶繢冊之半也據王氏跋順治庚寅此卷殉火幸潤卿從子之文者易他物得免全燼此剩山圖者燼餘本之最前段也其後歸泰興季宦云按季氏本今藏故宮博物院者是也季氏之後歸王儼齋安儀周而入清宮今卷中有揚州季因是收藏印季寓庸印季字圓印（最前有季字圓印之半即鈐于火燒痕之間）王儼齋藏印可證據清高宗跋山居圖云安氏得此未久即出故安氏墨緣彙觀亦未入錄安氏未鈐印記絕非

安氏所藏為另一本也故宮博物院藏本余前年與山居圖卷同時寓目紙色與此本相同每節有吳之矩白文方印騎縫鈐記第一節之前上角存之矩二字半印與此本左上角吳字半字適符合第一節中間存火燒痕四處半此本存火燒痕二處半其第三處適當兩紙接處吳之矩印之下前後七處前者愈大後者愈小可證此本之前燬去若干據董思翁跋云辰之得三丈許是未毀時本式古堂江村錄皆云二丈乃已毀時本此剩山圖存二尺弱蓋中間之一段也其前臆測被毀盈丈與王師臣云燬去十之三四矣一語亦合清高宗强自牽合之說可以廢矣富春圖劫火靡遺之謎可以破矣為之快然癡翁千秋富春千秋

戊寅冬日病起識于梅景書屋　吳湖帆

大癡一畫聖而神矣天際之龍獨見
其尾凡六百年石渠清祕烟灰可想
遺迹則五延津劍合有吳季子猶
山一角神鬼呵護易以商彝儒之
漁父天上蘭亭人間獨步

己卯人日八十五叟王同愈

大癡富春山居圖為焜燿古今劇跡自被荊溪吳氏雲起

大癡富春山居圖為焜燿古今劇跡自被荊溪吴氏雲起樓殉葬後殘跡僅完璧世僅知清宮所藏後半為僅存之物 湖帆新獲此卷有王廷賓跋記載甚詳審即為清宮所藏卷之前半幅 中有吴之矩騎縫半印尤足徵即雲起樓故物無足疑者碎佩零璣彌堪珍視後半自泰興季氏華亭王氏而入清宮淵源可溯也冀湖帆將前半之流傳經過亦考而敘之始成畫苑故實亦雜亂中之快事也 閱湖帆養疴滬上得此而霍然陳檄杜詩正堪比儗附志以資談助

民國三十八年一月 葉恭綽

王師臣三韓諸生隸漢軍籍仕爲山東臬司左遷揚州通判在維揚日蒐求法書名畫藏弆頗富所得以寄谷作緣者爲多此其一焉寄谷歙人吳公一其貞別字雅善鑒古爲飛鳧中之佼佼者著有書畫記六卷余藏有傳寫本按此圖寄谷得之丹陽張範我許即王跋所謂好事者是

乙卯元日過梅景書屋獲觀大癡剩山圖真跡謾識并志眼福

辟疆學人吳詩初

欲於畫中聞要道
傳摹不似覯真好
平生想像黃大癡
苦恨人間迹如掃
石渠留得片紙在
往窺富春一鱗爪

欲於畫中閒要道傳摹不似覩真好
平生想像黃大癡苦恨人間迹如掃
石渠留得片紙在往窺富春一鱗爪
醜廬眼明忽遭遇割捨商尊換茲寶
大嶺當前二尺弱雙段合蹤無此巧
爐餘題作賸山圖兩字驚心色然愀
昔賢尚論元四家首數癡翁絕傾倒
嘗云辣手赴機迅一擊欲椎禽碎腦
峯巒草樹頃刻成未落墨前思先窈
此竟尤難出乎詹不爾無由畢今渠

京叁妙諦匯吾斯，展對明窗胸若澡

癡翁寫此閱三年，逐旋填劄非草草。

中無一筆染凡塵，落落真人在天表。

醜簃仁兄屬題　新建夏敬觀

己卯春仲抱鋗居士吳徵觀于滬上

己卯年春三月朔麋張氏韞輝齋，湖颿世兄出大癡富春山圖真蹟見示。同觀者吳興沈尹默、長沙黃仲明、吳縣潘厚、王季遷

己卯年春三月朔集張氏韞輝齋
湖颿世兄出大癡富春山圖真蹟見示同觀者
吳興沈尹默長沙黃仲明吳縣潘厚王季遷
太倉朱增鈞海寧徐邦達及主人吳興張珩
餘杭褚德彝記

己卯三月獲觀於嵩山草堂晉陵馮超然識

大癡道人富春山居圖名重一
時明末為吳之矩所寶至欲焚

以殉葬歸天上此賸山圖乃其
燼殘也今春見之曹氏汲古閣
攜置齋中凡經匝月卒歸
湖帆世丈裝潢始就神明煥然
將與吳仲圭漁父圖同為梅影
書屋永存珍秘者董思翁題南
宮蜀素帖有大似米老重覯研

將與吳仲圭漁父圖同為梅影
書屋永存珍秘者董思翁題南
宮蜀素帖有大似米老重靚研
山不勝其妬恨之語余於此卷
亦云己卯三月朔小雅韞輝齋
重以見示謹題於後志墨緣之
自有定數云　希逸張珩

己卯秋日與 湖帆道兄重展此卷於梅景書屋之晴窗下自 靜淑夫人之歿此事久廢蓋二月矣覽卷憮然九月六日熅暨記

三十六年五月德清徐鴻寶鄞馬衡同觀於四歐堂

卯十一月十日與 湖帆老兄之逝別重觀此卷謹識紙尾 七十張爰

壬午四日過嵩山草堂獲觀此卷藉志眼福無——王蘧

壬午四日過嵩山草堂獲觀此卷藉志眼福要甲　王蘧

一卷重開歷劫前眼明驚見舊
山川情塵不隔三千界畫派能
追五百年空論漫教真宰
訴微生儻藉畫人傳秋山石
壁逕渠轂洗髓應知骨已僊

胡帆得此卷後撮影見寄因為前跋今秋来

迄始見真面如覩天人瑞相非野狐所能妄擬
風雨如晦吾輩從得于頹損之餘有此賞析
之樂可勝厚幸書此以志欣慨
民國三十一年十一月遐菴葉恭綽

綽

丙戌五月六陶心如帥亨沈尹默張秉三夢玉
褚保權金啟靜常任俠同觀是日孫邦瑞約
而未至遣人從紅月樓圖卷來因得併觀可
謂勝緣矣惟東記于梅景書屋

湖帆

錦纏道　倚宋子京格

大嶺橫雲，七里淺瀧流露。指嚴陵釣臺高據，小舟江上盟鷗鷺。醉慧癡翁，健筆名山賦。　溯前朝六家，沈石田、樊舜峯、談思重、董玄宰、吳澂如及天籟堂張範我幾經珍護。詫荆溪化情塵土。歎石渠清秘，深宮妬賸，山緣分惟我天相許。

辛卯春日梅景書屋書　吳湖帆倚調

倩盦

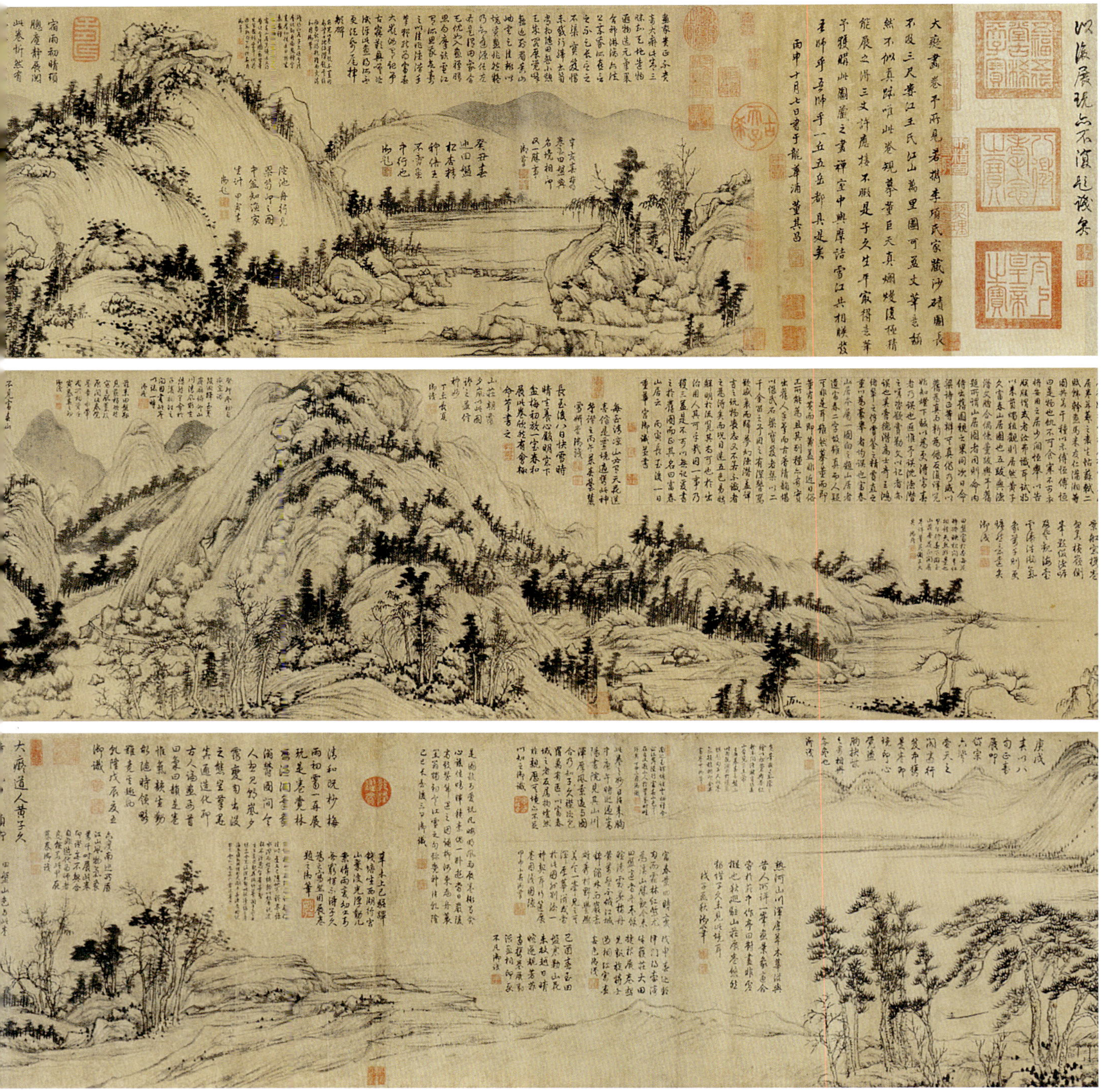

[元]黃公望(傳)《富春山居圖》(子明卷)　1338　32.9×589.2公分　故宮博物院(臺北)藏

Huang Gongwang [attributed], *Dwelling in the Fuchun Mountains* (*Ziming* scroll, dated 1338)　32.9×589.2cm

Collection of Palace Museum, Taipei

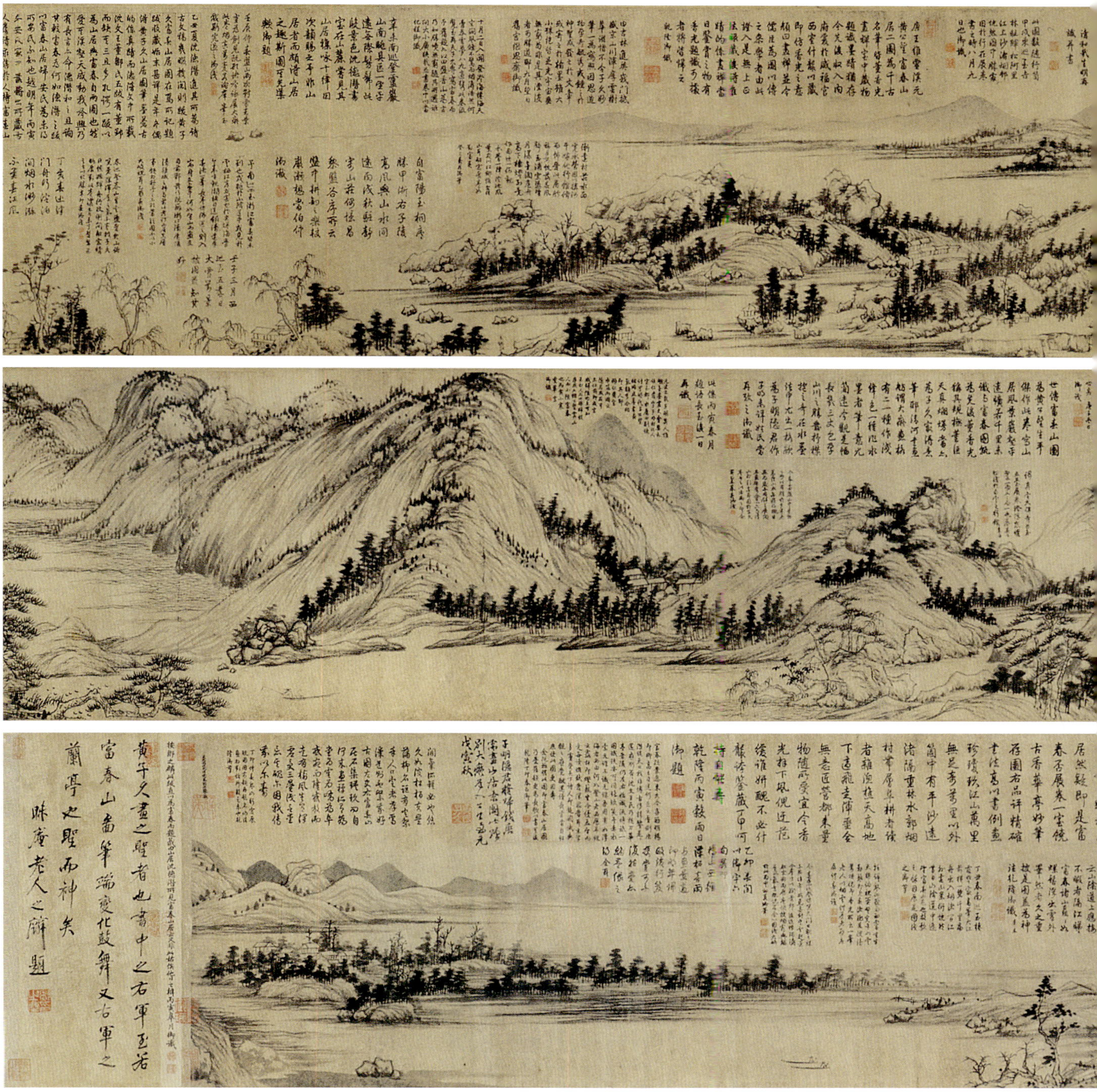

◀[明]沈周《仿富春山居圖》　1487　36.8×855公分　故宮博物院藏

Shen Zhou, *Dwelling in the Fuchun Mountains after Huang Gongwang* (dated 1487)　36.8×855cm　Collection of Palace Museum

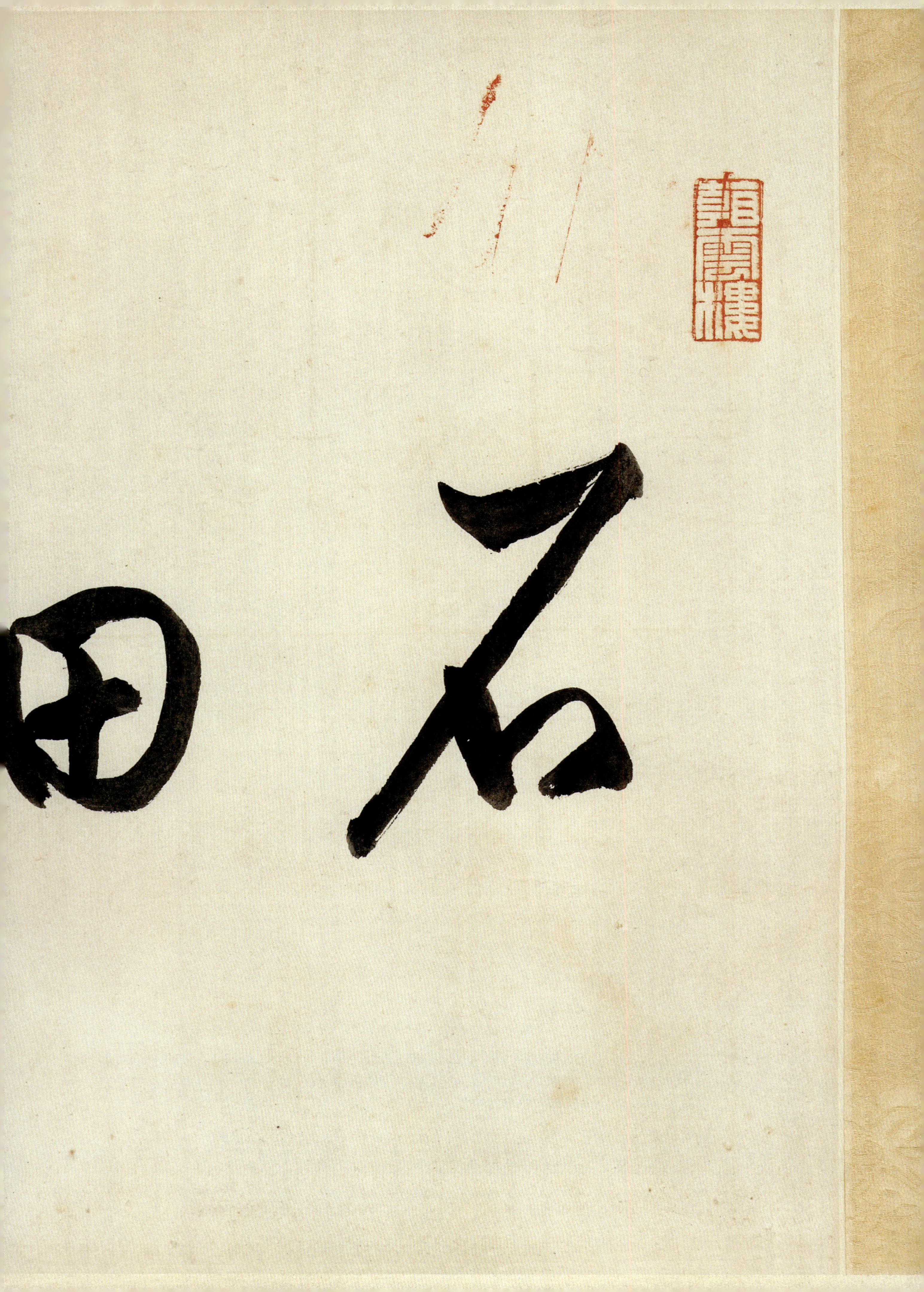
石
田

高素

素山

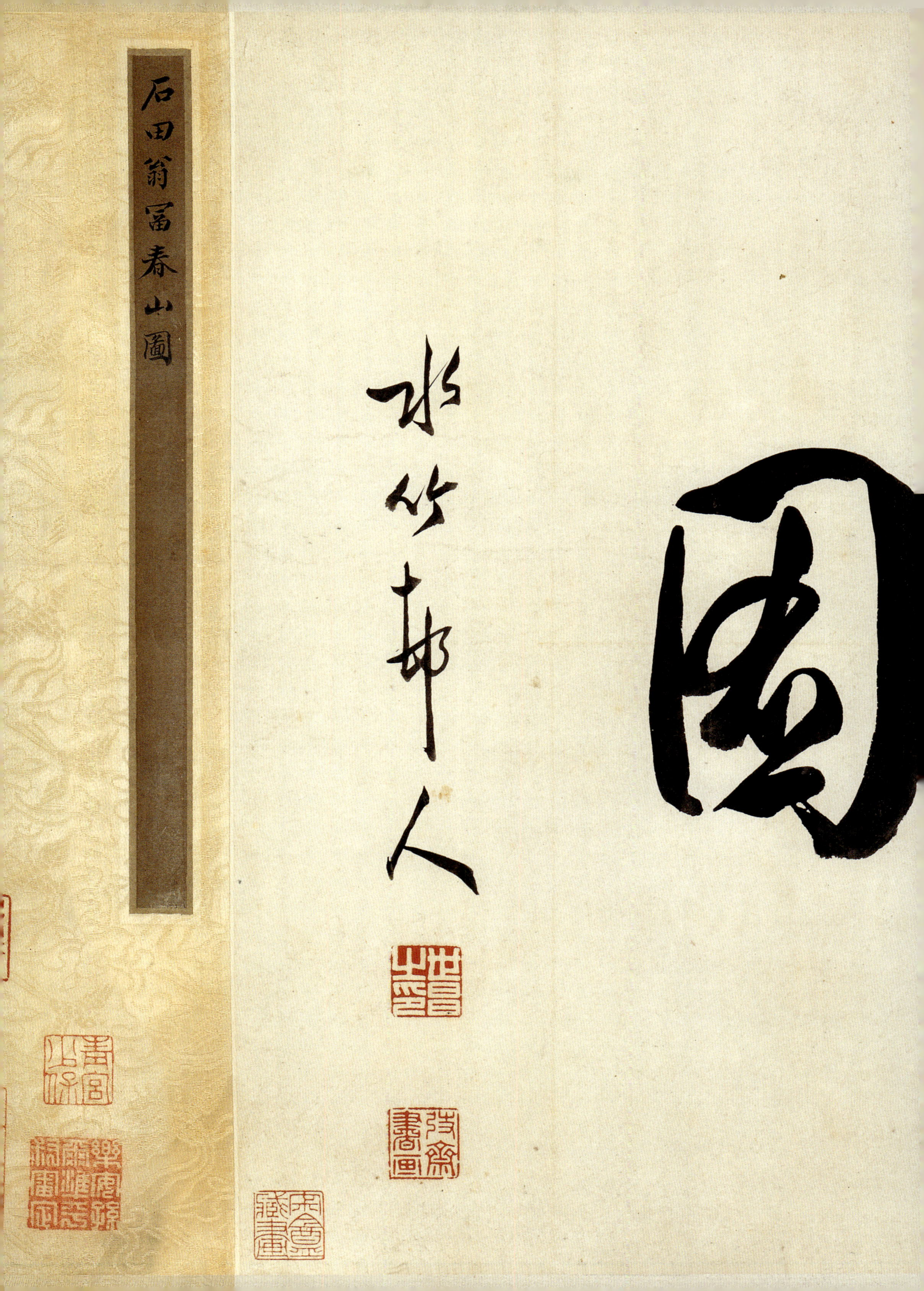
石田翁富春山圖
水竹幽人
圖

石田翁富春山圖

大癡翁此段山水殆天造地設平生不見多
作作輟凡三年始成筆跡墨華當與
巨然亂真其自識亦甚惜此卷嘗為余所
藏因請題于人遂為其子乾沒其子後不
能有出以售人余貧又不能為直以復之
徒系於思耳即其思之不忘適以意貌之
物遠失真臨紙惘然
成化丁未中秋日長洲沈周識

成化丁未中秋日長洲沈周識

溪山勝處圖歌

溪山有勝變每恨不到眼今日

進畫圖百里峯一覽昔年落

筆云是許井西道人黄大癡笑
指北苑作大匠未信釋巨然吾
師意樹淺綠近山赤長波不驚
天光碧岸無村庄閑雅尖亦有
漁船並吹笛汀花岸草各自媚
竹屋茅亭相間閒絕憐臨者
能逼真不甚用墨多半神郡
齋所間窗開閣欲與溪山為賓
溪茫茫山歷歷溪平鋪練山列戟
維尊秦嶺如峯青未數楊州
五湖白秋生无與世味澹是此撩
動溪山癖便呼筆研來豪子

惟尊泰岱如峯青未數揚州
五湖白秋生亡與世味澹身世撩
動遊山癖便呼筆研來家子
凌駕大癡逼巨然觀由臣宝闡
北苑一綠寫出江南乞畫題以眷畧
野爲程言門與愜所懷沙溪安
得與罷採芳芭尋山從我踏青
猿家搏送與北上御史臺畫舩
淩風挂席來更與溪山增氣
家人餞君有磊落澄清才它
時相憶復披展溪山如崖故人
遠

冥君宦於其君爰學 [illegible]大夫[illegible]

臨本意甚微余作歌送山楊宴

貴得之歌則不還焉

成化丁未重九前一日姚綬書

大癡富春大嶺圖舊爲余所藏今復

見白石翁背臨長卷冰寒於水信可方駕

古人而又過之不如是安免重儓之誚

丙寅九月望跋於惠山 其昌

大癡道人唐鄭虔平生癡絕似

大癡道人唐鄭虔平生癡絶仍
畫絶長卷當年我亦觀大略能
記爲人說山川歷二百里間彷彿
扁舟適吳越平橋曲沼客慣游
複峰重閣天然設漁工樵子互出沒
定有高人在巖穴墨瀋淋漓拾
來誰復得畫家山水訣爲人説

此亦徒然把筆安能描不傳對
本雖摹未爲苦運思想象誰當
專晴窗淺色手自改輸與吾
鄉沈石田

長洲吳寬

石田嘗臨大癡小畫自題云恰好二百年
來翻身出世作怪蓋自題於大癡矣然世
之人不以為迂而輕之謂之大癡以其胸
中之大癡乃畫耳不然何不為東
家施耶觀於此卷尤信四重太節
既得大癡之卷而又復得此識是謂
合璧矣
隆慶四年歲在庚午初夏後學文嘉
題於金陵客舍

辛未九月廿八日周之琳在天籟堂縱觀竟日

石田富春圖余向時別有一卷為好事家乞去而幾容樹石則此卷尤勝所謂不為大癡法縛而奄有其妙者耶

林村居士淞洲

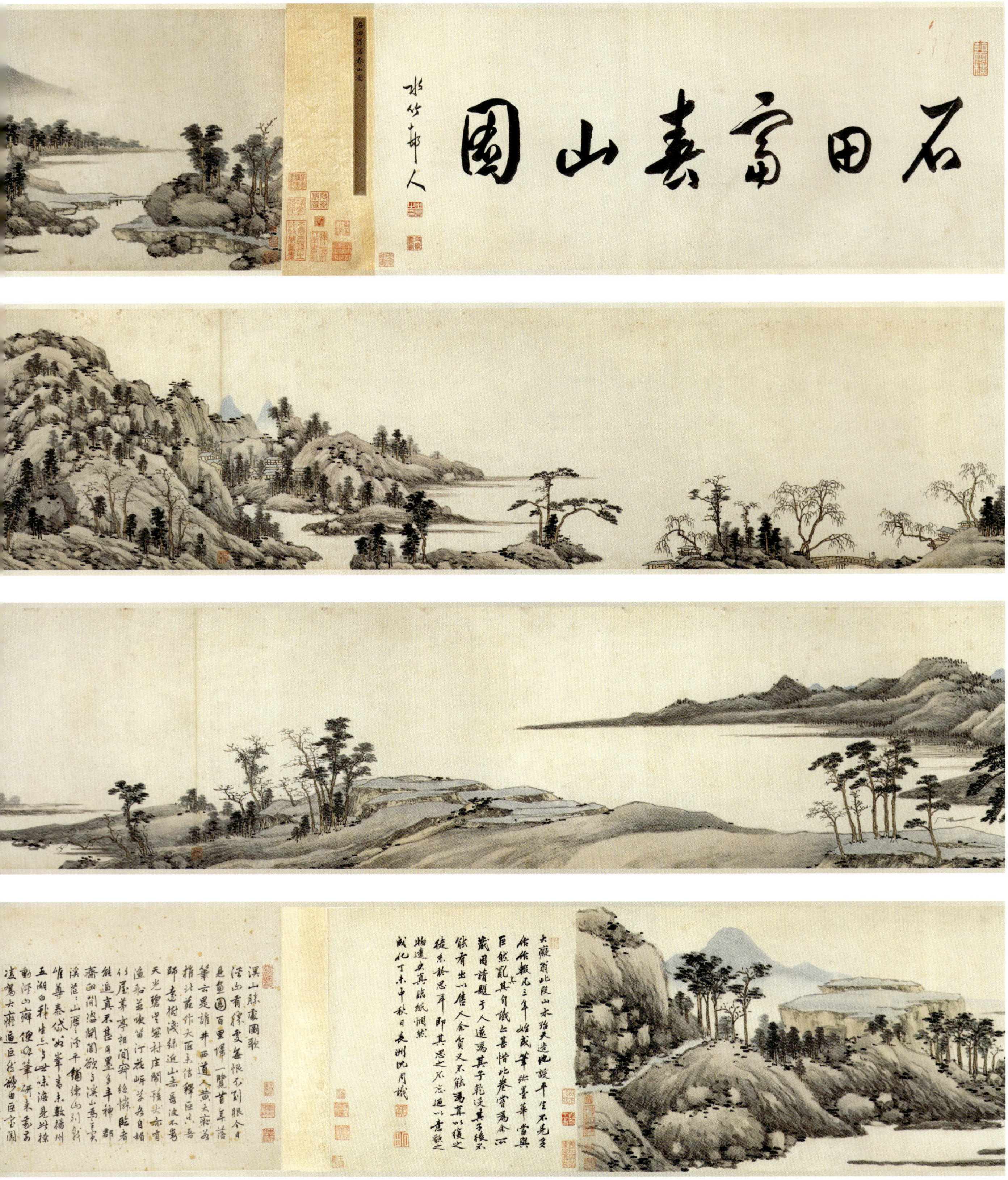

[明]沈周《仿富春山居圖》　1487　36.8×855公分　故宮博物院藏

Shen Zhou, *Dwelling in the Fuchun Mountains after Huang Gongwang* (dated 1487)　36.8×855cm　Collection of Palace Museum

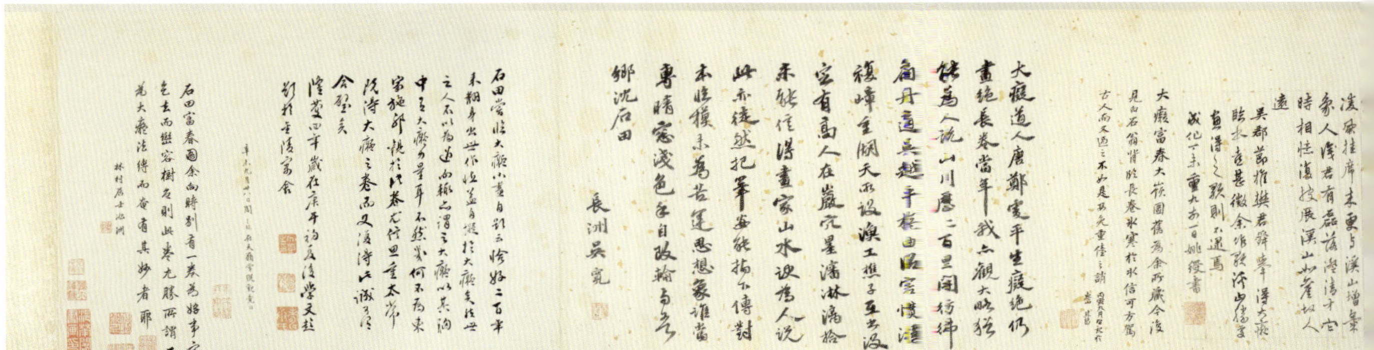
成化丁未重九前一日姚綬書
大癡道人唐鄭虔平生癡絕仍
畫絕長卷當年我亦觀大略猶
長洲吳寬

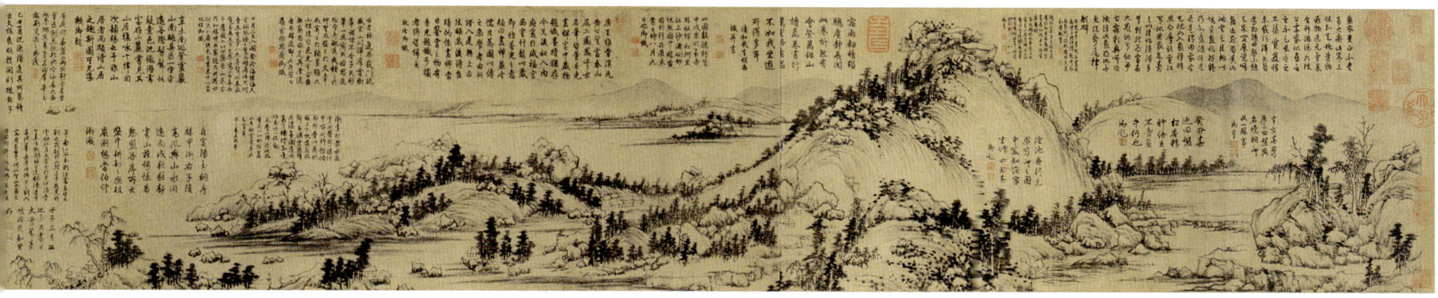

富春山實景（王伯敏監製/1990年）
Site photographs of the Fuchun Mountains
(produced by Wang Bomin, 1990)

▲
▲ 富春山實景（王伯敏監製/1990年）
Site photographs of the Fuchun Mountains (produced by Wang Bomin, 1990)

▲ [元]黃公望《富春山居圖》(無用師卷/1350年)
Huang Gongwang, *Dwelling in the Fuchun Mountains* (*Wuyong* scroll, dated 1350)

▶ [元]黃公望(傳)《富春山居圖》(子明卷/1338年)
Huang Gongwang [attributed], *Dwelling in the Fuchun Mountains* (*Ziming* scroll, dated 1338)

▼ [明]沈周《仿富春山居圖》（1487年）
Shen Zhou, *Dwelling in the Fuchun Mountains after Huang Gongwang* (dated 1487)

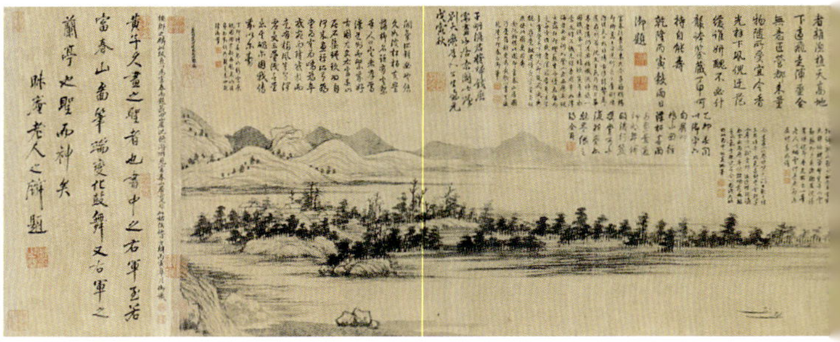

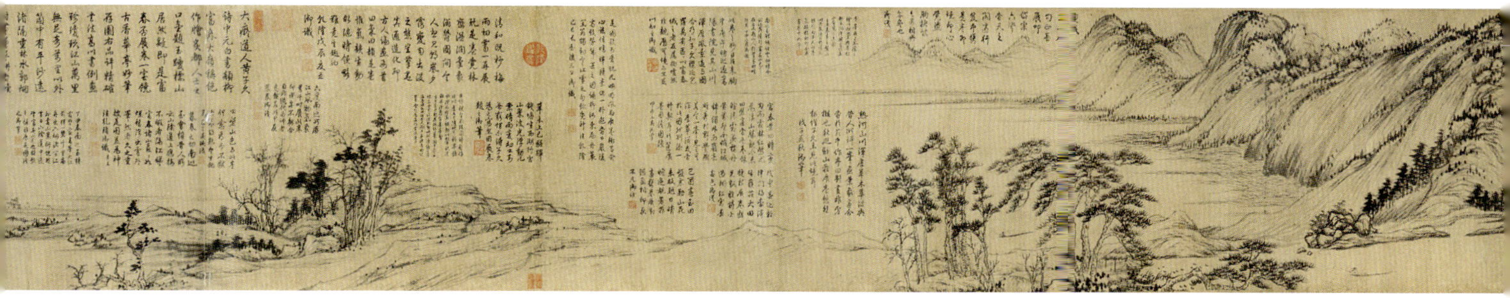

富春一角
元高士黄公公望

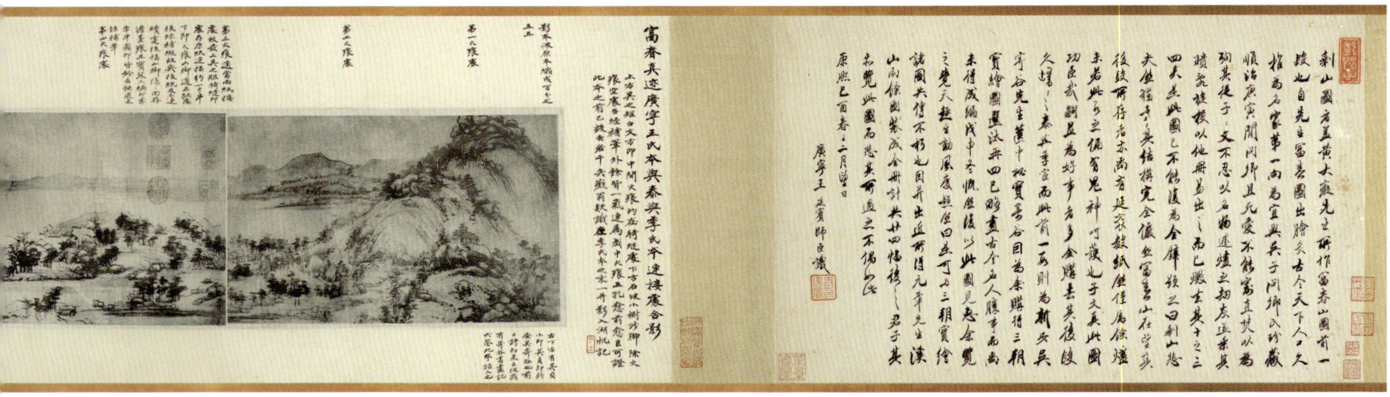

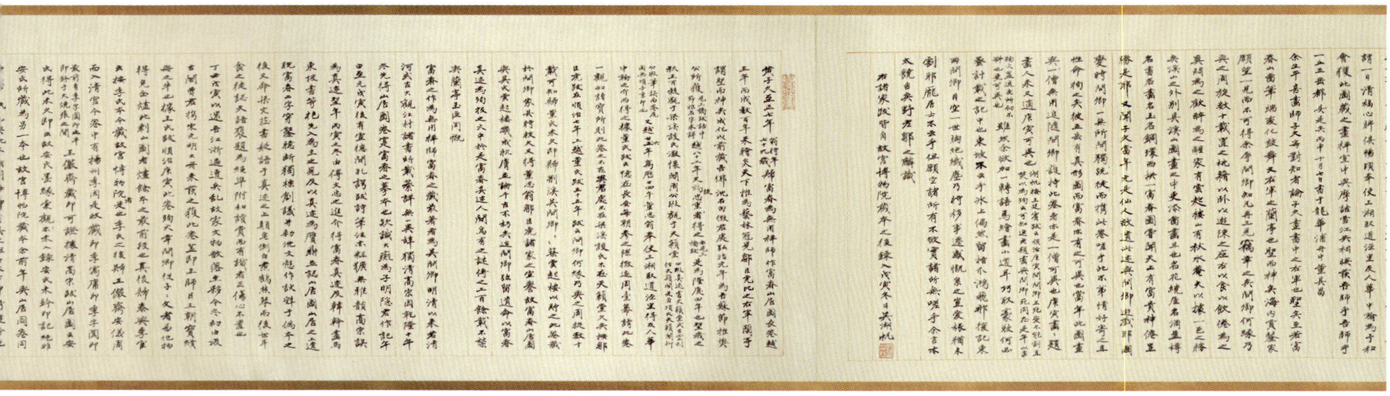

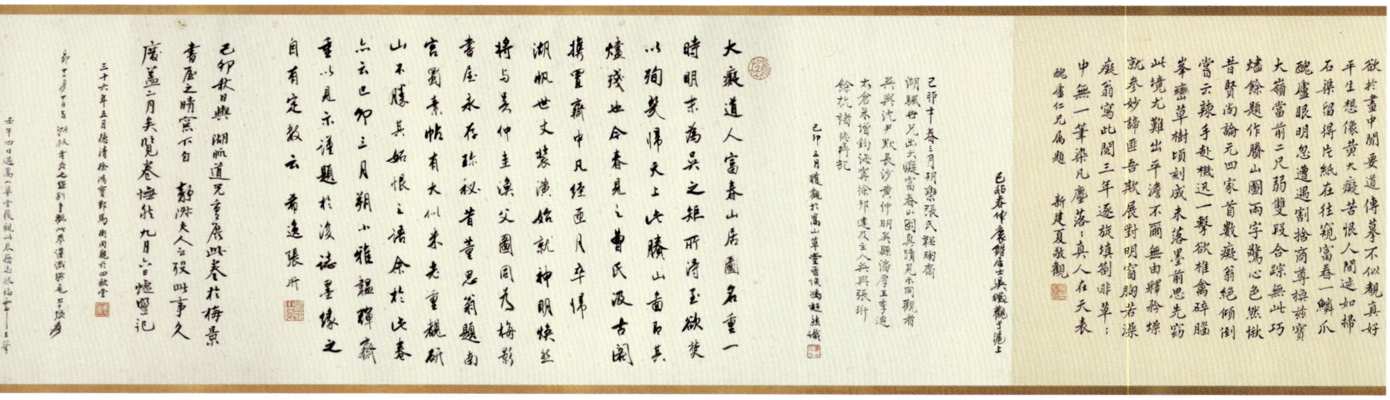

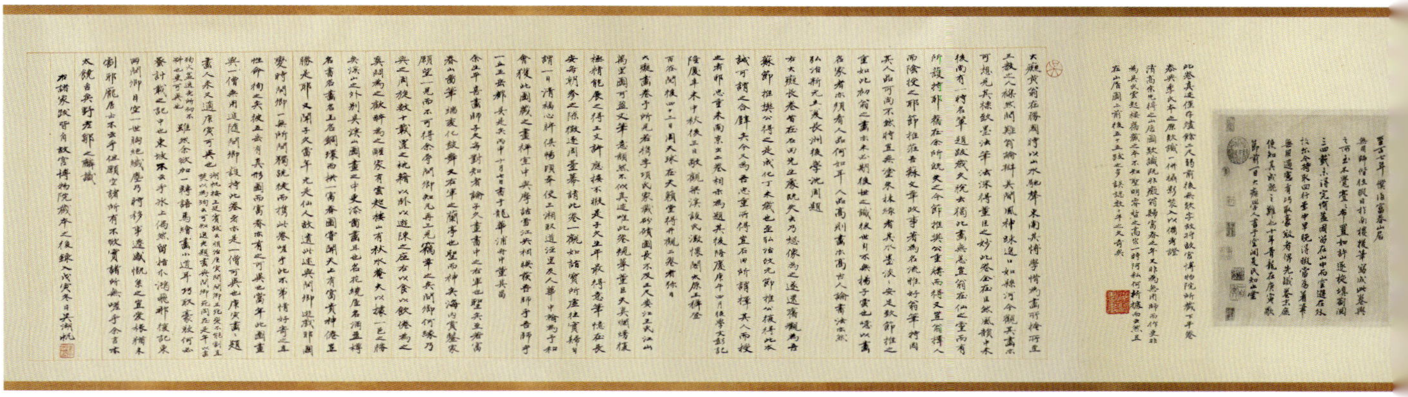

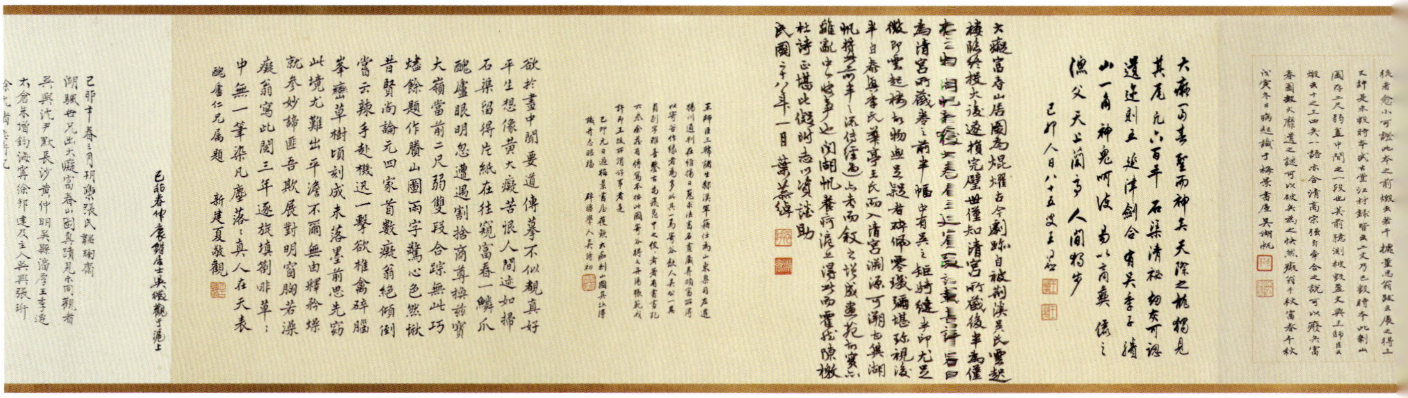

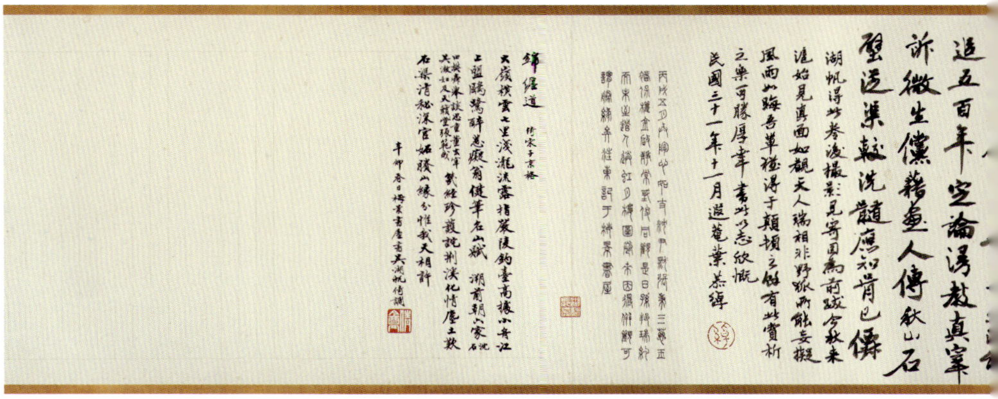

[元]黃公望《剩山圖》
31.8×51.4公分
浙江省博物館藏
Huang Gongwang,
The Leftover Landscape
31.8×51.4cm
Collection of Zhejiang Provincial Museum

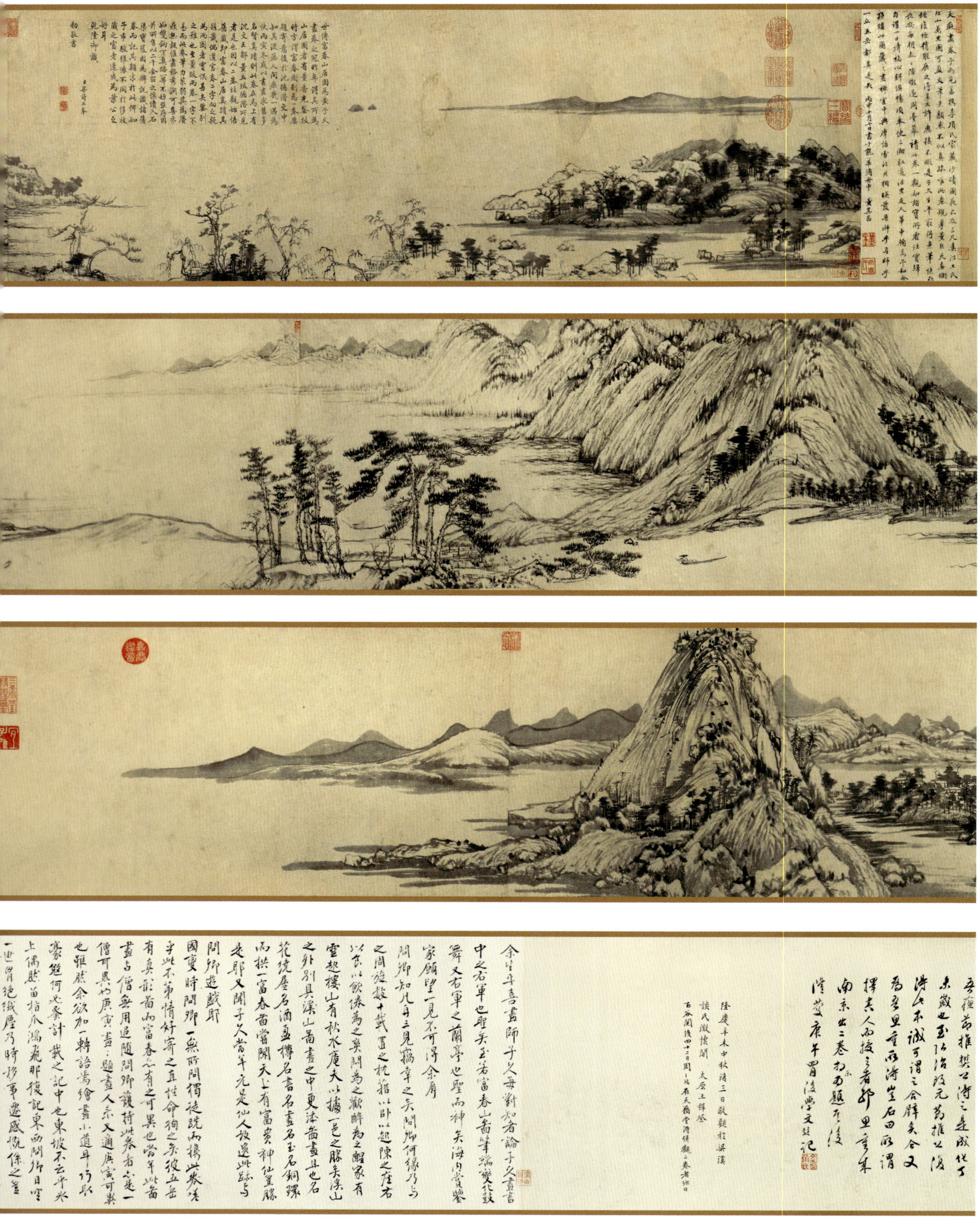

[元]黃公望《富春山居圖》(無用師卷)　1350　33×636.9公分　故宮博物院(臺北)藏

Huang Gongwang, *Dwelling in the Fuchun Mountains* (*Wuyong* scroll, dated 1350)　33×636.9cm　Collection of Palace Museum, Taipei

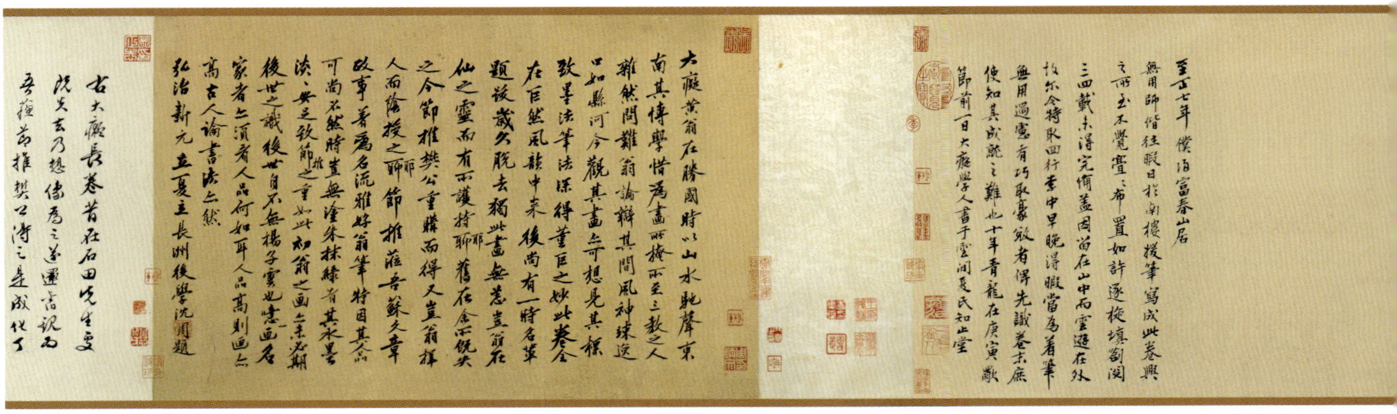
至正七年，僕歸富春山居，無用師偕往，暇日於南樓援筆寫成此卷，興之所至，不覺亹亹，布置如許，逐旋填劄，閱三四載，未得完備，蓋因留在山中，而雲遊在外故爾。今特取回行李中，早晚得暇，當為著筆。無用過慮有巧取豪敚者，俾先識卷末，庶使知其成就之難也。十年，青龍在庚寅，歜節前一日，大癡學人書于雲間夏氏知止堂。

大癡黃翁在勝國時，以山水馳聲東南，其博學惜為畫所掩，所至三教之人雜然問難，翁論辯其間，風神疎逸，口如懸河。今觀其畫，亦可想見其標致。墨法筆法，深得董巨之妙，此卷全在巨然風韻中來。後尚有一時名筆題跋，歲久脫去，獨此畫無恙，豈翁在仙之靈，而有所護持耶？舊在余所，既失之，今節推樊公重購而得，又豈翁擇人而陰授之耶？節推莅吾蘇，文章政事，著為名流，雅好翁筆，特因其品可尚，不然，時豈無塗朱抹綠者，其水墨淡淡，要足致節推之重如此。初翁之畫，亦未必期後世之識，後世自不無楊子雲也。噫，畫名家者，亦須著人品何如耳，人品高，則畫亦高，古人論書法亦然。弘治新元立夏，五長洲後學沈周題。

右大癡長卷，昔在石田先生處，既失去，乃想像為之，遂還舊觀，而原蹟節推樊公得之，是成化丁

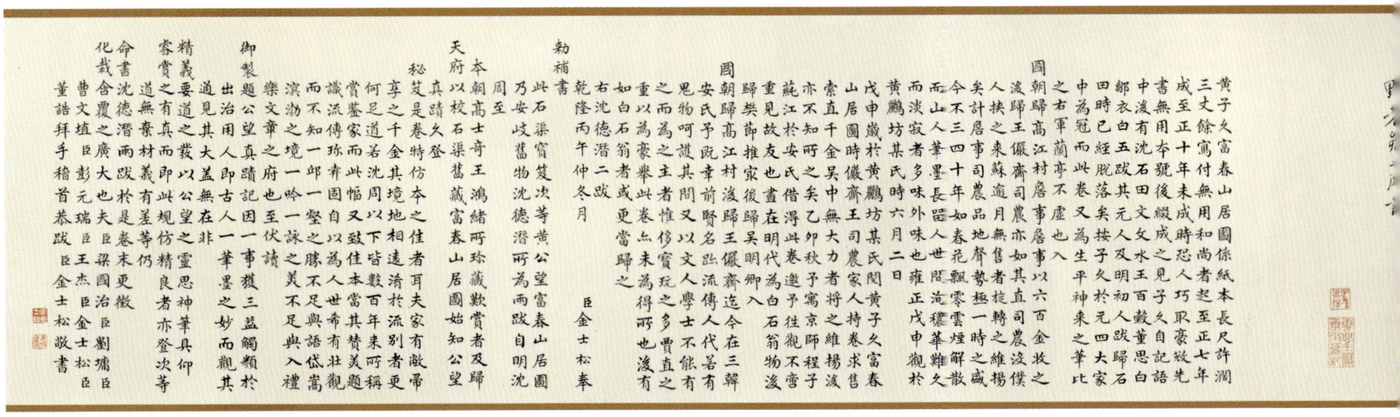
黃子久富春山居圖，係紙本，長尺許，闊三丈餘，寫付無用和尚者，起至正七年，成至正十年，未成時，恐人巧取豪敚，先書無用本號，後綴成之，見子久自記語中。後有沈石田、文文水、王百穀、董思白、鄒衣白五跋。其元人及明初人跋，歸石田時已經脫落矣。按子久於元四大家中為冠，而此卷又為生平神來之筆，比之右軍蘭亭不虛也。入
國朝，歸高江村詹事，詹事以六百金收之，後歸王儼齋司農，亦如其直。司農沒，僕人挾之來蘇，適月無售者，旋轉之維揚矣。計詹事、司農品地聲勢極一時之盛，今不三四十年，如春花飄零，雲煙解散，而山人筆墨長留人世間，滄穠華難久，而淡寂者多味外味也。雍正戊申觀於黃鸝坊某氏，時六月二日。

戊申歲，於黃鸝坊某氏閱黃子久富春山居圖時，儼齋王司農家人持卷求售，索直千金，吳中無大力者，將之維揚，後亦不知所之矣。乙卯秋，予寓京師，程子蒓江於安氏借得此卷，邀予往觀，不啻重見故友也。畫在明代為白石翁物，後歸樊節推家，後歸吳明卿，入
國朝歸高江村，後歸王儼齋，迄今在三韓安氏。予既幸前賢名跡流傳人代，若有鬼物呵護其間，又以文人學士不能有之，而為之主者惟修寶玩之，多貲直之重以為豪舉，此卷亦未為得所也，後有如白石翁者，或更當歸之。

右沈德潛二跋

勅補書

乾隆丙午仲冬月 臣金士松奉

此石渠寶笈次等黃公望富春山居圖，乃安岐舊物，沈德潛所為兩跋，自明沈周至
本朝高士奇、王鴻緒所珍藏歎賞者，及歸
天府，以校石渠舊藏富春山居圖，始知公望真蹟久登
秘笈，是卷特仿本之佳者耳。夫家有敝帚，享之千金，其境地相遠，淆於流別者，更何足道。若沈周以下，皆數百年來所稱賞鑒家，而此幅又致佳本，當其贊美題識，流傳珍弃，固自以為人世希有壯觀，而不知一邱一壑之勝，不足與語岱嵩濱渤之境，一吟一詠之美，不足與入禮樂文章之府也。至伏讀
御製題公望真蹟記，因一事獲三益，觸類於出治用人，即古人一筆墨之妙，而觀其道，見其大，蓋無在非
精義要道之發，以公望之靈思神筆，具仰
睿賞之有真，而即此規仿精良者，亦登次等之無棄材，義有差等，仍
命書沈德潛兩跋於是卷末，更徵
化裁含覆之廣大也。臣梁國治、臣劉墉、臣曹文埴、臣彭元瑞、臣王杰、臣金士松、臣董誥拜手稽首恭跋。臣金士松敬書。

名家翰墨

黃公望的富春山水傳奇

李志綱

自古風光名勝，由於文學作品而膾炙人口的為數不少，但憑藉畫跡得以傳誦千古者，從來屈指可數，黃公望《富春山居圖》可謂其中的表表者。

富春山位於浙江桐盧縣，景色秀美，自東漢初年以來，便與高士嚴光的事跡一起名垂後世。嚴光（前三七～四三），字子陵，會稽余姚人，早年與劉秀（前六～五七）知交，後來劉秀擊敗王莽（前四五～二三）復漢登基（史稱東漢光武帝），多次禮聘他出為大臣，然而嚴光堅決不仕，在富春山隱居終老。富春山下有石灘名叫『嚴陵瀨』，山腰有百尺高磐石稱為『子陵釣台』，皆相傳是當年嚴光垂釣之地。

《富春山居圖》誕生於元代末年，此後六個世紀多以來，其藝術魅力不斷激發人們對富春江美景的神馳與遐想。此段山水和筆墨的因緣，就足以令人不勝嚮往，而作品遭逢的多番曲折際遇，更為它添上一份傳奇色彩。畫作完成三百年之後，遇上一場災劫，險遭焚燬。既倖免於難不久，即成為清宮祕藏。可是，深愛書畫的乾隆皇帝只鍾情於一卷偽冒的摹本，竟視真跡為贗鼎而以白眼相加。到一九七四年間，學界掀起一場關於傳世兩卷清宮舊藏《富春山居圖》的真偽辯論，使作品再度成為世人注目的焦點。

《富春山居圖》真跡現存台北，而被火燒斷裂的部分，則化身為一幅《剩山圖》，收藏於杭州。原屬一件名跡而散落於海峽兩岸，又不免成為關注中國文化人士的熱話。

早歲坎坷　晚年入道

《富春山居圖》作者，是明末董其昌（一五五五～一六三六）所尊稱『元四大家』之首的黃公望，字子久，原姓陸名堅，南宋度宗咸淳五年八月十五日（一二六九年九月十二日）生於江蘇常熟，因雙親早逝，由浙江永嘉人黃樂收養。相傳黃樂九十高齡而喜獲繼嗣，高興地說：『黃公望子久矣』，遂以為名字，年幼的陸堅從此改名換姓。黃公望早年曾師從趙孟頫（一二五四～一三二二），故自稱『松雪齋中小學生』。約二十多歲時，出任浙西廉訪司轄下的書吏；後來被薦往京城監察御史院，期間受江南田糧弊案牽連而下獄。未幾得直獲釋，改號大癡，轉到松江賣卜維生，其時約已年屆五十。到六十歲左右，皈依金志揚（一二七六～一三三六）道長門下，成為元代高人逸士結集場所『全真派』的一名弟子。晚年又號靜堅學人、一峰道人、井西老人等，往來松江、常熟一帶。曾在蘇州開設三教堂，又卜居於杭州赤山筲箕泉，最後

歸隱富春。元惠宗至正十四年十月二十五日（一三五四年十一月十日）逝世，終年八十六歲。〔注一〕

有關黃公望的為人，張雨（一二八三～一三五一）有《戲題黃大癡小像》詩稱：『全真家數，禪和口鼓。貧子骨頭，吏員臟腑。』被認為雖然語出戲謔，而形容中肯。其人性情豁達，有《虞山畫志》所述：『隱居小山，每月夜，攜瓶酒，坐湖橋，獨飲清吟，酒罷投瓶水中，橋下殆滿。』黃公望富於學養，擅長詞曲丹青，享譽學林，所交往者俱文人或道流書畫家，當中有同稱『元四大家』的吳鎮（一二八〇～一三五四）、倪瓚（一三〇一～一三七四）、王蒙（一三〇八～一三八五），也包括柯九思（一二九〇～一三四三）、楊維楨（一二九六～一三七〇）、曹知白（一二七二～一三五五）、方從義（約一三〇二～一三九三）等名士。畢生廣受朋輩尊重，具見於多種文獻記載。除此之外，世人了解尚少，實未能妄下判斷。

《黃公望史料》的編者溫肇桐對他有頗為公式化的歌頌：『黃公望想通過他的職權，改革元朝政治上的腐敗與黑暗，以拯救陷於水深火熱中的廣大人民。……終於遭到某權貴的妒忌和彈劾，並遭受監禁。』〔注二〕

但近年出版的《元代畫家史料匯編》中，作者陳高華卻提出了完全相反的觀點。陳氏認為黃公望因涉及貪官張閭的惡行而被論罪，出獄之後『表面上看破紅塵，信奉全真道，實際上周旋於達官貴人富豪之間，獵取聲譽』，因此，『不能因為他在藝術上有很高成就而對他生平活動多方加以粉飾美化。』〔注三〕

誠然，書畫審美與研究，毋需以預設的『道德人品』為前題；藝術鑑賞的領域廣闊無涯，世人不必畫地自限。即以《富春山居圖》為例，作品所傳達的超逸情韻，代表著中國文人畫的極高境界，足以洗滌俗世心靈。此種筆墨修養，絕非平庸淺薄之輩可以達致，它使人欣賞愈久，謙卑之情愈切，對古人崇敬之心也愈濃。

《富春山居圖》是一件水墨作品，繪製歷時多年，作者在卷後題識中有清楚記述：

至正七年，僕歸富春山居，無用師偕往，暇日於南樓援筆寫成此卷。興之所至，不覺亹亹布置，如許逐旋填劄，閱三四載，未得完備，蓋因留在山中，而雲遊在外故爾。今特取回行李中，早晚得暇，當為着筆，無用過慮有巧取豪敚者，俾先識卷末，庶使知其成就之難也。十年青龍在庚寅，歜節前一日，大癡學人書于雲間夏氏知止堂。

由此可知，這幅原本長達七公尺的畫卷，創作始於黃公望七十九歲之年（一三四七年），到八十二歲（一三五〇年）寫下題識時，作品尚未完成，仍待暇時繼續點染。只因當時『無用師』顧慮它會被其他愛畫人士巧取豪奪，要求先寫下題識為記。這時，距黃公望逝世僅有四年，因此《富春山居圖》的製作過程，花費至少四年功夫，最長不超過七年。

作品受贈者『無用師』的真正身分是誰，畫上沒有清楚線索，明清時人都誤以為是佛門中人。台北故宮博物院張光賓曾撰文考證，將目標鎖定為道士鄭樗，字無用，號崆峒生，跟黃公望為同修羽士。黃公望七十九歲返歸富春時，這位道友結伴隨行；八十歲時又為他作《雲松溪屋圖》，故相信他是黃氏晚年一位摯友。《富春山居圖》的高超水準，正好印證兩人的交情匪淺。〔注四〕

這幅畫卷的誕生環境，就在富春江的靈山秀水之間，畫家心靈與自然的契合之下。黃公望似乎有意在生命最後歲月中，為人間留傳一件精心傑作，他花費在《富春山居圖》上的時間和心血，也可能是畢生最鉅大的。此外，作品所用的紙料也屬上佳品質，至今依然異常光潔，以致有人懷疑它並非元代遺物。黃公望在閒適心境之下，『興之所至，逐旋填劄』地慢慢完成，正如杜甫（七一二～七七○）的名句：『十日畫一水，五日畫一石，能事不受相促迫，王宰始肯留真跡。』是以作品格外風神瀟散，脫盡塵囂俗氣，堪稱黃公望的最佳代表作。

絕代名跡　滄桑歷劫

明代沈周（一四二七～一五○九）在弘治元年（一四八八年）因應《富春山居圖》的新主人樊舜舉之請為它題識時，曾提到卷後『尚有一時名輩題跋，歲久脫去』。因此，《富春山居圖》完成以後百多年間的流傳情況，已無從稽考。

原來，沈周比樊舜舉更早曾經擁有這幅名跡，後來被別人侵吞奪去，抱憾之餘，背臨一幅聊以寄意。現存北京故宮的沈周《仿黃公望富春山居圖》上記敘了這段故事：『大癡翁此段山水，殆天造地設，平生不見多作，作輟凡三年始成。筆跡墨華，當與巨然亂真，其自識亦甚惜。此卷嘗為余所藏，因請題于人，遂為其子乾沒。其子後不能有，出以售人，余貧又不能為直以復之，徒系於思耳。即其思之不忘，迺以意貌之，物遠失真，臨紙惘然。成化丁未中秋日，長洲沈周識。』沈周這幅背臨本作於一四八七年，為淺絳設色，個人風格較強，雖未能反映黃公望原作的神味，也為《富春山居圖》的傳奇增添一段插曲。

其後，又經大半個世紀，畫卷歸無錫談志伊收藏。談氏家道中落之後，藏品輾轉到董其昌手上，乃萬曆二十四年（一五九六年）事。當年十月七日，董其昌在乘舟返家途中滿懷興奮寫下的題記，便是今天所見《富春山居圖》前隔水黃綾上的一百八十字跋文。

黃公望是董其昌所稱上與王維、董源、巨然等名家並列的『南宗』大師，董氏得到《富春山居圖》，正可為他訂立的畫史譜系提供實物依據。董其昌的題記謂『此卷規摹董、巨，天真爛漫』，並決定將它『藏之畫禪室中，與摩詰《雪江》共相暎發』，又不禁高呼：『吾師乎，吾師乎！一丘五岳，都具是矣！』這幾句話，是借用佛家典故而作的表述。禪門南宗法脈，自六祖慧能（六三二～七一三）之後，衍生出『曹洞、臨濟、雲門、溈仰、法眼』五個支派，世稱『一花五葉』。按照董其昌『南北宗論』的說法，南宗始祖是王維，地位相等於禪宗的慧能；王維以下的南宗畫派傳人，包括『張璪、荊、關、郭忠恕、董、巨、米家父子，以至元之四大家』多位。董氏在得到《富春山居圖》之前，已收藏有王維、郭忠恕、董源、米友仁、王蒙等人作品，正好比『一花五葉』都同時在他手上，改用山水畫術語便成為『一丘五岳』。

董其昌晚年將這件名跡以千金重值質押於宜興吳氏『雲起樓』，畫卷接紙多處可見的『吳之矩』騎縫印記，便是吳正志的鈐印。吳家第二代的收藏者是吳洪裕，對《富春山居圖》之著迷程度，據鄒之麟（一五七四～約一六五四）題跋所載：『問卿（吳洪裕）何緣，乃與之周旋數十載，置之枕藉，以臥以起，陳之座右，以食以飲，倦為之爽，悶為之歡，醉為之醒，……國變時，問卿一無所問，獨徒跣而攜此卷』，簡直是神魂顛倒。清順治七年庚寅（一六五○年），適逢黃公望題識卷末之後五周甲子，此年冬天吳洪裕病重垂危之際，竟然命家人以《富春山居圖》等一批書畫在他面前火殉。畫卷得以從火中逃過一劫，全賴吳氏姪子吳貞度一份難捨之情，他趁吳洪裕稍不留神之際，用另一件藏品將已燒燬包首的《富春山居圖》對掉，搶救出來。

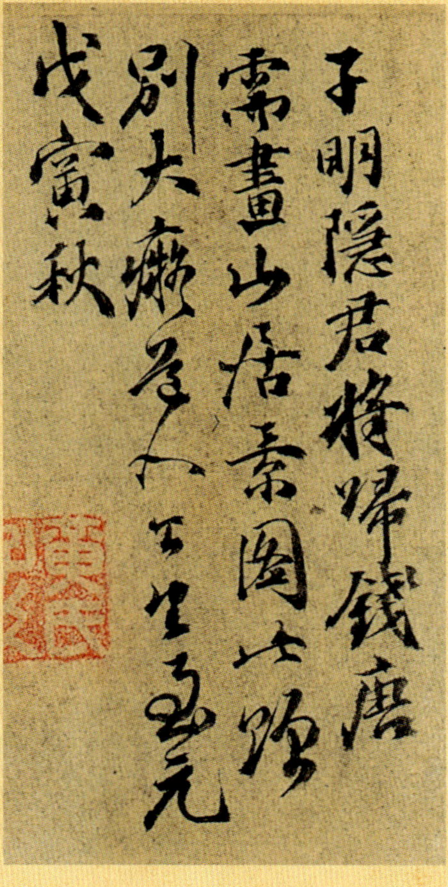

原為七段紙幅接合的《富春山居圖》首段受損，餘下的部分經重新裝裱之後，成為現今所見長六點四公尺的面貌。其後，經過張伯駿（一六一四～？）、季寓庸、高士奇（一六四五～一七〇三）、王鴻緒（一六四五～一七二三）、安岐（一六八三～？）等多人遞藏，最終於乾隆十一年（一七四六年）輾歸清宮，結束了維時四百年的私人收藏歷史。中華民國建國第十四年（一九二五年），故宮博物院成立，《富春山居圖》便成為院藏珍品。抗戰期間，它連同其他大批文物一起在南遷的路上漂泊經年，到一九四八年底轉運至台灣。（注五）

至於燒斷的開首部分，約有半幅畫面尚可以保留，由畫商吳其貞（一六〇七～一六七七後）修復成寬約零點五公尺、構圖完整的小幅，易名為《剩山圖》。康熙七年（一六六八年）冬，王廷賓從吳其貞手上購入《剩山圖》等古畫共二十四幅，合裝為《三朝寶繪圖》一冊而珍藏。王氏以後的輾轉易手詳情，未見於著錄。民國初年，它經江陰陳氏輾售與上海汲古閣裱畫店的曹友卿。吳湖帆（一八九四～一九六八）在一九三八年自汲古閣買得一部《宋元明大冊》，此即王廷賓集藏《三朝寶繪圖》其中半部。吳湖帆將《剩山圖》和王廷賓題識抽出，合裱成長卷，廣邀時賢題跋，並在卷前配上當代仕女畫名家鄭慕康（一九〇一～一九八二）所繪黃公望畫像。一九五六年，沙孟海（一九〇〇～一九九二）代表浙江省文管會往上海洽購成功，從此《剩山圖》便珍藏於浙江省博物館。畫上當年火劫痕跡，依然清晰可辨。（注六）

珠玉蒙塵　因『禍』得福

《富春山居圖》成為台北故宮珍藏的黃公望傑作，本來已毋庸爭議。可是，一九七四年十一月，學者徐復觀（一九〇三～一九八二）在香港《明報月刊》發表《中國畫史上最大的疑案——兩卷黃公望的富春山居圖問題》文章，力指真跡為贗品。他以《富春山居圖》紙質色澤的『新鮮』為起點，逐一論證卷中各題跋的『破綻』，進而認為順治七年（一六五〇年）吳洪裕火殉事件純屬作偽集團捏造的騙局。（注七）

徐復觀對《富春山居圖》的非難，是乾隆皇帝鑑辨錯誤的翻版。畫卷當初從安岐手上轉入清宮，置身芸芸大內珍寶之中自當毫不遜色，但竟然受盡冷落。因為剛好在此前一年，已有一件同名畫卷捷足先登；乾隆很滿足自己得到聞名已久的黃公望劇跡，馬上確定它的『真跡』地位，後來者便無法獲得其認同，只被視作『次等』。兩卷《富春山居圖》題跋並不相同，皇帝鍾情的一卷題識為：『子明隱君將歸錢唐，需畫山居景，圖此贈別。大癡道人公望，至元戊寅（一三三八年）秋。』遂通稱之為『子明卷』。黃公望送贈無用師的一幅，則名為『無用卷』。『子明卷』入藏清宮之前，流傳與來歷俱不清晰。它的構圖與『無用卷』相同，筆墨水準則遠遠遜色；其末段缺失約有一點五公尺，據推測很可能是這件臨摹本原來題識所在，而被人裁掉後另添上偽款冒充黃公望作品。可是，它的開首部分則比『無用卷』多出整整一公尺的畫面，完全可與《剩山圖》

互相參證。顯然，這個臨本的製作時代，必在清初吳洪裕火殉之前。〔注八〕

乾隆對『子明卷』愛不惜手，每次展玩時，興之所至，便在畫上題字。相對之下，他不屑承認的『無用卷』上，只寫有一段由詞臣梁詩正（一六九七～一七六三）代書的御題，其中評曰：『此卷筆力薾弱，其為贗鼎無疑。惟畫格秀潤可喜，亦如雙鉤下真跡一等，不妨並存。』故此，《富春山居圖》真跡便在深宮中沉寂一百多年，雖然蒙上不白之冤，卻因此逃過題詠殆遍之災，畫面上的空靈澹遠，至今仍得以保留。反觀備受榮寵的『子明卷』，遭到這位風雅天子題寫各長短詩文合共五十六段之多，以致全卷空白之處填塞至滿，不堪欣賞，這究竟是福是禍？乾隆對真跡的錯判，不僅僅是一般談論所稱的不懂鑑定，這當中除了身為天子的自尊以外，實涉及個人審美趣味的偏好。『子明卷』是一件筆法謹慎的臨摹本，表現出對原作的亦步亦趨，因而顯得較為沉穩，可能因此更能符合皇帝的品味。

徐復觀為『子明卷』翻案的文章中自詡說：『我要把考證的方法，導入進書畫鑒賞之中，重新奠定這一方面學術的基礎』，可謂語驚四座。文章隨即引起強烈反響，參與論辯者包括饒宗頤、傅申、張光賓等，咸為學術圈中重量級人物。雙方旁徵博引，詞鋒交戰一年多之後，徐氏把自己四篇文字結集成書，作為論爭的總結。〔注九〕但這部小冊的出版並未扭轉各界共識，真偽論戰使真跡的優點加以放大，讓人們更深入了解它的非凡之處。一九八一年間，東京二玄社與台北故宮合作，為《富春山居圖》印行精美複製品流播天下，向世人清晰展示了名跡的感人魅力。

七○年代一場辯論，涉及了作品主題的解讀。《富春山居圖》所描繪的為富春江山水無疑，但爭辯的其中一個論點是『富春山』其實位於桐廬縣境內，而非黃公望晚年返歸的富陽縣。黃公望既然並非隱居桐廬，如題識所說於至正七年歸『富春山』便不能成立，這成為否定『無用卷』一方的理據。關於這個名稱爭議，張光賓後來撰有《黃公望是否住過富陽問題》加以釐清。原來『富陽』古稱『富春』，因其地山多，自古文人籠統稱之『富春山』者，並無意指向桐廬的特定名山。按照這個解釋，黃公望『僕歸富春山居』一句，『僕歸』之後『富春』『山居』分別為獨立詞語。故此，『富春山居圖』之名稱當解讀成『位於富春（即富陽縣）的一處山中居所』，而不是『（桐廬縣內）富春山中的一處居所』了。〔注十〕

子久天上　畫跡人間

分割成兩段的名跡，今天可借助印刷技術的接合而重現原貌。《富春山居圖》全長達七公尺的構圖，包含著『起、承、轉、合』的完整佈局，可見這幅創作持續多年的作品，用心確實一絲不苟。

畫卷開首（《剩山圖》部分），渾圓山嶺在遠景反襯之下推迫向前，龍脈緩緩伸展至畫面下沿，彷彿與觀眾身處位置連貫相通，使人感覺若跨前一步便可置身其中而與畫境相融。此部分恰似一首樂曲的引子。

經過一段空曠寂寥之後，出現一座旋律豐富的大山，陡峭高聳，直出畫外。乾濕並用的筆法、濃淡夾雜的墨色，以至大小錯落的山石造型，交織出一片鮮明瑰麗的景像，凌亂之中層次分明，效果閃爍明亮，極盡展現大師級出神入化的技巧。這是全卷節奏的高潮。

作品向左繼續展開之際，山脈逐步朝遠方後退，景色漸漸開闊，氣氛由絢爛轉歸平靜，彷如桃源祕境驀現眼前。當遠山消失於大氣之中，前景冒出一組古松，樹下的臨江草亭中一位文人悠然獨坐，閒觀水鳥在清波上浮游，並跟右方不遠處小舟上的垂釣者默默呼應，組合出一節抒情的小調。這是《富春山居圖》最富於情韻的段落，美國學者韓莊（John Hay）認為，此處描繪為富春江上的『嚴子陵釣台』，換言之，景中人物即全幅『山居』主題的重心所在。〔注十一〕

最後，畫境進入空靈靜穆。空白的背景中，一片廣漠的平坡之上，只見幾株疏樹。冷寂的氣氛，尤突顯出隨後而來的一座尖削山峰的重要地位——它以莊嚴雄渾的調子宣告了作品的終結。尖峰之後，前景和遠景同時向虛空隱沒，把觀眾的情緒引導至邈冥出塵的境界。

《富春山居圖》一開卷便宣示著兩個黃公望的特徵——石坡和披麻皴。『坡』即現代通稱的『平台』，古人並無此說；《芥子園畫傳》解釋這種畫法時，也多次提到它跟黃公望的關連。至於最能表現南方地貌的『披麻皴』，在《富春山居圖》中佔了極大比重，運用上極富變化，輕重濃淡俱備，令人讚為觀止。這兩個特徵，都是五代時董源、巨然的傳統家法。

歷來鑑賞家大多認為黃公望的畫風出自董、巨，然而，最近有學者提出更深入的觀察。台北故宮博物院何傳馨指出：『元代畫壇主要為董（源）巨（然）派與李（成）郭（熙）兩派籠罩』，黃公望以董、巨為師而『並重兩派畫風』。何氏引用黃公望的著作《寫山水訣》為例證，全篇第一句：『近代作畫，多宗董源、李成二家。』〔注十二〕《寫山水訣》是黃公望留給世人的畫學心法，由陶宗儀（一三二一～一四〇七）《輟耕錄》記載流傳，全文約一千字，似屬課徒筆記，對於探討黃公望的畫法極具價值。在這篇畫訣中，除了以董源、李成為開宗明義的論述之外，另有兩次提及董源，而評論李成有三處、郭熙一處，可見黃公望之於『董巨派』和『李郭派』毫無偏袒，正如何氏所稱的兩派並重。

事實上，黃公望的畫論清晰地反映郭熙的深刻影響。《富春山居圖》是一幅平遠山水，《寫山水訣》中有關於『平遠』的定義：

從下相連不斷謂之『平遠』，從近隔開相對謂之『闊遠』，從山外遠景謂之『高遠』。

山水畫的『三遠』概念，最早源出郭熙的《林泉高致集》：『自山下而仰山顛謂之「高遠」，自山前而窺山後謂之「深遠」，自近山而望遠山謂之

「平遠」。』黃公望顯然是基於郭熙之說而加以修訂，並用『闊遠』取代『深遠』。雖然郭熙首創『三遠』的事實比較深入民心，但黃公望對於『平遠』的解釋卻更有影響力，現今通稱長卷為平遠山水，便是以黃公望的說法為基礎。

此外，郭熙《林泉高致集》中有評論李成作品謂：『畫亦有相法，李成子孫昌盛，其山腳地面皆渾厚闊大，上秀而下豐，合有後之相也。』相同的觀點在黃公望演繹之下，『相法』一詞被『風水』替代：『李成畫坡腳，須要數層，取其濕厚。米元章論李光丞有後代，兒孫昌盛，果出為官者最多，畫亦有風水存焉。』以上可見黃公望的畫學，實繼承自郭熙甚多。

細讀《寫山水訣》，固不難發現黃公望對郭熙之深心景仰，《富春山居圖》也同樣顯示了這位北宋大師的印記。《富春山居圖》末段的平坡景緻，在一幅北宋畫卷中可以找到非常接近的表現手法，不單構景相似，連皴擦的技巧也十分類同。這幅收藏於紐約大都會博物館的《樹色平遠圖》沒有名款，但由於它的風格鮮明，被定為郭熙手筆。假若黃公望未有親眼目睹這幅畫作，相信也必定曾經見過類似風格的郭熙山水，而深受啟發。

黃公望與郭熙畫風的關係，是非常清楚的。與董其昌『南北宗論』同調者如陳繼儒（一五五八～一六三九）、詹景鳳（一五三三～一六〇二）等人的著作中，每把郭熙歸屬為『北宗』畫家，或『兼逸與作之妙者』。《富春山居圖》作為生動的例子，反證了這些評論理據之偏頗失實。一件絕代名作的誕生，對於古人技法的兼收並容，應是理所當然的。

黃公望身為道家修行者，作品盡能體現嚮往自然的超逸胸襟。也許由於『全真道』主張『三教合一』，教義之中混合了儒家思想，故而黃公望的山水畫並非完全超脫凡塵，使人感到清高絕俗之中充滿人情世味。明代張丑（一五七七～一六四三）《清河書畫舫》說：『大癡畫格有二：一種作淺絳色者，山頭多巖石，筆勢雄偉；一種作水墨者，皴紋極少，筆意尤為簡遠。』按照此番論說來觀察，《富春山居圖》可謂兼具兩種畫格的特色。這幅黃公望最晚年的傑作，完成於八十歲前後而筆力元氣飽滿，無絲毫疲態，它不獨是作者個人的藝術顛峰，也代表元代水墨畫法的最高成就。《富春山居圖》對後世影響至為鉅大，自明代後期至清代初年，由於曾經多人臨摹，〔注十三〕以致原作在乾隆年間隱藏於深宮之後，民間對其風格追仿之作依然持續不斷。它給予畫壇的啟迪作用之廣大深遠，至今無與匹敵。

附注

〔一〕參考金鶴冲《大癡道人家傳》，轉引自謝成林《元代畫壇魁首——黃公望的生平和藝術成就》（北京：人民美術出版社，一九八九年），頁九〇～九一。

〔二〕溫肇桐《黃公望史料》（上海：上海人民美術出版社，一九六三年），頁二。

〔三〕陳高華《元代畫家史料匯編》（杭州：杭州出版社，二〇〇四年），頁五七五～五七六。

〔四〕張光賓《無用師與黃公望富春山居圖》。《元朝書畫史研究論集》（台北：故宮博物院，一九七九年），頁十三～二四。

〔五〕參考張光賓《元四大家》（台北：故宮博物院），一九七五年，頁九～十六。

〔六〕查永玲《燒不掉的美貌，富春山居圖殘卷再現——記浙江省博物館藏剩山圖》，《典藏古美術》，第二〇七期（二〇〇九年十二月），頁一五八～一六三。

〔七〕廖堯震《35年前被攪亂的一池春水——傳申回顧黃公望富春山居圖真偽大論戰》，《典藏古美術》，第二〇七期，頁一六四～一七三。另參考傅申主講，朱惠良等整理《董巨派名筆——富春卷與剩山圖的原貌》，《故宮文物月刊》，第三三六期（二〇一〇年五月），頁八八～一〇一。

〔八〕徐邦達《黃公望富春山居圖真偽本考辨》，《故宮博物院院刊》，一九八四年第二期，頁二一～三〇。

〔九〕徐復觀《黃大癡兩山水長卷的真偽問題》（台北：台灣學生書局，一九七七年）。

〔十〕見《元朝書畫史研究論集》，頁四五～五七。

〔十一〕A. John Hay,『Huang Kung-wang's *Dwelling in the Fu-ch'un Mountains:* The Dimensions of a Landscape』(PhD dissertation, Princeton University, 1978), pp. 283—337.

〔十二〕何傳馨《畫中蘭亭——黃公望與富春山居圖》，《故宮文物月刊》，第三三六期，頁八〇～八七。

〔十三〕饒宗頤《黃公望及富春山居圖臨本》（香港：香港中文大學文物館，一九七五年）。

富春山居圖釋文

款識：

至正七年，僕歸富春山居，無用師偕往，暇日於南樓援筆寫成此卷。興之所至，不覺亹亹布置，如許逐旋填劄，閱三四載，未得完備，蓋因留在山中，而雲遊在外故爾。今特取回行李中，早晚得暇，當為着筆，無用過慮有巧取豪敚者，俾先識卷未，庶使知其成就之難也。十年青龍在庚寅（一三五〇年），歜節前一日，大癡學人書于雲間夏氏知止堂。

『黃氏子久』（白文方印）

『一峰道人』（朱文方印）

題跋一：

大癡黃翁在勝國時，以山水馳聲東南，其博學惜為畫所掩。所至三教之人，雜然問難，翁論辯其間，風神疎逸，口如縣河。今觀其畫，亦可想見其標致。墨法筆法，深得董巨之妙，此卷全在巨然風韻中來。後尚有一時名輩題跋，歲久脫去，獨此畫無恙，豈翁在仙之靈，而有所護持耶？舊在余所，既失之，今節推樊公重購而得，又豈翁擇人而陰授之耶？節推蒞吾蘇，文章政事，著為名流，雅好翁筆，特因其人品可尚，不然，時豈無塗朱抹綠者？其水墨淡淡，安足致節推之重如此？初翁之畫，亦未必期後世之識，後世自不無揚子雲也。噫，以畫名家者，亦須看人品何如耳，人品高則畫亦高，古人論書法亦然。弘治新元（一四八八年）立夏立，長洲後學沈周題。

『啟南』（朱文方印）

題跋二：

右大癡長卷，昔在石田先生處，既失去，乃想像為之，遂還舊觀，為吾蘇節推樊公得之，是成化丁未歲也。至弘治改元，節推公復得此本，誠可謂之合璧矣。今又為吾思重所得，豈石田所謂『擇其人而授之』者耶？思重來南京，出二卷相示，為題其後。隆慶庚午（一五七〇年）四月，後學文彭記。

『文壽承氏』（朱文方印）

題跋三：

隆慶辛未（一五七一年）中秋後三日，敬觀於梁溪談氏澂懷閣，太原王穉登。

題跋四：

百谷閱後四十二日，周天球在天籟堂得併觀二卷者彌日。

題跋五：

大癡畫卷，予所見若檇李項氏家藏《沙磧圖》長不及三尺，婁江王氏《江山萬里圖》可盈丈，筆意頹然，不似真跡。唯此卷規摹董、巨，天真爛熳，復極精能，展之得三丈許，應接不暇，是子久生平最得意筆。憶在長安，每朝參之隙，徵逐周臺幕，請此卷一觀，如詣寶所，虛往實歸，自謂一日清福，心脾俱暢。頃奉使三湘，取道涇里，友人華中翰為予和會，獲購此圖，藏之畫禪室中，與摩詰《雪江》共相暎發。吾師乎，吾師乎！一丘五岳，都具是矣！丙申（一五九六年）十月七日，書于龍華浦舟中，董其昌。

『董玄宰』（朱文方印）

『太史氏』（朱文方印）

題跋六：

余生平喜畫，師子久，每對知者論子久畫，書中之右軍也，聖矣。至若《富春山圖》，筆端變化鼓舞，又右軍之《蘭亭》也，聖而神矣。海內賞鑒家願望一見不可得，余辱問卿知，凡再三見，竊幸之矣。問卿何緣，乃與之周旋數十載，置之枕藉，以臥以起，陳之座右，以食以飲，倦為之爽，悶為之歡，醉為之醒。家有雲起樓，山有秋水庵，夫以據一邑之勝矣，溪山之外別具溪山，圖畫之中更添圖畫且也。名花繞屋，名酒盈樽，名書名畫，名玉名銅，環而拱一《富春圖》。嘗聞天上有富貴神仙，豈勝是耶？又聞子久當年元是仙人，故遺此跡與問卿遊戲耶？國變時，問卿一無所問，獨徒跣而攜此卷。嗟乎，此不第情好寄之，直性命徇之矣。彼五岳有真形圖，而富春亦有之，可異也。當年此圖畫與僧無用追隨，問卿護持此卷者，亦是一僧，可異也。夷寅畫畫，題畫人來，又適庚寅（一六五〇年），可異也。雖然，余欲加一轉語焉：繪畫小道耳，巧取豪敓，何必蚤計，載之記中也。東坡不云乎：『冰上偶然留指爪，鴻飛那復記東西？』問卿目空一世，胸絕纖塵，乃時移事遷，感慨係之，豈愛根猶未割耶？龐居士不云乎：『但願空諸所有，不欲實諸所無。』嗟乎，余言亦太饒舌矣。野老鄒之麟識。

題跋七：

世傳《富春山居圖》為黃子久畫卷之冠，昨年得其所為《山居圖》者，有董香光鑒跋，時方謂《富春圖》別為一卷，屢題寄意。後於沈德潛文中知其流落人間，庶幾一遇為快。丙寅冬，或以書畫求售，多名賢真蹟，則此卷在焉。上有沈、文、王、鄒、董五跋，德潛所見者是也。因以二卷並觀，始悟舊藏即《富春山居》真蹟，其題籤偶遺『富春』二字，向之疑為兩圖者實悞。甚矣，鑒別之難也！至董跋兩卷一字不易，而此卷筆力薾弱，其為贗鼎無疑，惟畫格秀潤可喜，亦如雙鉤下真跡一等，不妨並存。因并所售以二千金留之，俟續入《石渠寶笈》，因為辨說識諸舊卷，而記其顛末於此，俾知予市駿雅懷，不同於侈收藏之富者，適成為葉公之好耳。乾隆御識，臣梁詩正奉敕敬書。

『臣梁詩正』（白文方印）

『補拙莫如勤』（白文長方印）

題跋八：

黃子久《富春山居圖》係紙本，長尺許，闊三丈餘，寫付無用和尚者，起至正七年，成至正十年。未成時，恐人巧取豪敓，先書無用本號，後綴成之。見子久自記語中。後有沈石田、文文水、王百穀、董思白、鄒衣白五跋。其元人及明初人跋，歸石田時已經脫落矣。按子久於元四大家中為冠，而此卷又為生平神來之筆，比之右軍《蘭亭》不虛也。入國朝，歸高江村詹事，詹事以六百金收之。後歸王儼齋司農，亦如其直。司農沒，僕人挾之來蘇，逾月無售者，旋轉之維揚矣。計詹事、司農品地聲勢，極一時之盛，今不三四十年，如春花飄零，雲煙解散，而山人筆墨長留人世間，洵穠華難久，而淡寂者多味外味也。雍正戊申，觀於黃鸝坊某氏，時六月二日。

戊申歲，於黃鸝坊某氏閱黃子久《富春山居圖》，時儼齋王司農家人持卷求售，索直千金，吳中無大力者，將之維揚，後亦不知所之矣。乙卯秋，予寓京師，程子蒓江於安氏借得此卷，邀予往觀，不啻重見故友也。畫在明代為白石翁物，後歸樊節推，最後歸吳明卿。入國朝，歸高江村，後歸王儼齋，迄今在三韓安氏。予既幸前賢名跡，流傳人代，若有鬼物呵護其間；又以文人學士不能有之而為之主者，惟侈寶玩之多，賈直之重，以為豪舉，此卷亦未為得所也。後有如白石翁者，或更當歸之。

右沈德潛二跋。乾隆丙午（一七八六年）仲冬月，臣金士松奉勅補書。

此《石渠寶笈》次等黃公望《富春山居圖》，乃安岐舊物，沈德潛所為兩跋，自明沈周至本朝高士奇、王鴻緒所珍藏歎賞者。及歸天府，以校《石渠》舊藏《富春山居圖》，始知公望真蹟久登秘笈，是卷特仿本之佳者耳。夫家有敝帚，享之千金，其境地相遠，淆於流別者，更何足道。若沈周以下，皆數百年來所稱賞鑒家，而此幅又致佳本，當其贊美題識，流傳珍弆，固自以為人世希有壯觀，而不知一邱一壑之勝，不足與語岱嵩溟渤之境，一吟一詠之美，不足與入禮樂文章之府也。至伏讀御製題公望真蹟記，因一事獲三益，觸類於出治用人，即古人一筆墨之妙，而觀其通，見其大，蓋無在非精義要道之發。以公望之靈思神筆，具仰睿賞之有真，而即此規仿精良者，亦登次等。道無棄材，義有差等。仍命書沈德潛兩跋於是卷末，更徵化裁含覆之廣大也夫。臣梁國治、臣劉墉、臣曹文埴、臣彭元瑞、臣王杰、臣金士松、臣董誥拜手稽首恭跋，臣金士松敬書。

『臣金士松』（白文方印）

『敬書』（朱文方印）

鑑藏印章：

『安紹芳印』（白文方印）

『懋卿父』（白文方印）

『吳之矩』（白文方印）

『正志』（朱文方印）

『吳正志印』（白文方印）

『季』（朱文圓印）

『揚州季因是收藏印』（朱文長方印）

『揚州季南宮珍藏印』（朱文長方印）

『季寓庸印』（白文方印）

『因是氏』（朱文方印）

『鴻緒』（朱文方印）

『儼齋祕玩』（朱文方印）

『王鴻緒印』（朱文方印）

『儼齋』（朱文方印）

『雲間王鴻緒鑒定印』（朱文長方印）

『子孫永保』（朱文方印）

『雲間王儼齋收藏記』（朱文長方印）

『北士之印』（白文方印）

『柟公』（朱文方印）

『江長庚』（朱文方印）

『周炳文印』（白文方印）

『乾隆御覽之寶』（朱文橢圓印）

『三希堂精鑑璽』（朱文長方印）

『宜子孫』（白文方印）

『石渠寶笈』（朱文長方印）

『寶笈三編』（朱文方印）

『嘉慶御覽之寶』（朱文方印）

『嘉慶鑑賞』（白文圓印）

『宣統御覽之寶』（朱文橢圓印）

剩山圖釋文

題跋

一、前隔水：

山川渾厚，草木華滋。畫苑墨皇大癡第一神品《富春山圖》，己卯（一九三九年）元日書句曲題辭于上，吳湖帆祕藏。

『大癡富春山圖一角人家』（朱文長方印）

『萬里江山供燕人』（朱文橢圓印）

『醜簃長壽』（白文方印）

『梅景書屋』（朱文方印）

二、後隔水：

吾家梅景書屋所藏第一名迹，潘靜淑記。

『吳潘靜淑』（白文方印）

『吳湖騶印』（白文方印）

『醜簃長樂』（白文方印）

三、韓對題引首：

富春一角。後學韓對。

『寒碧齋』（白文方印）

四、鄭慕康繪黃公望像及王同愈題：

『慕康寫照』（朱文方印）

元高士黃公公望。少舉神童，博綜群藝。善寫山水，法篆通隸。己卯（一九三九年）人日，後學王同愈錄《五百名賢圖贊》，時年八十五。

『王同愈印』（白文方印）

五、沈尹默題引首：

元黃子久富春山居圖卷真迹燼餘殘本。此為荊溪吳氏雲起樓所藏之本也，前幅尚有數尺已罹劫灰，其後幅久歸清內府，曩歲余與湖帆共預故宮博物院審查書畫之役，得寓目焉。去冬湖帆獲此，屬為題眉，時廿八年（一九三九年）元日，尹默並志。

『沈尹默印』（白文方印）

六、王廷賓跋：

《剩山圖》者，蓋黃大癡先生所作《富春山圖》前一段也。自先生《富春圖》出，膾炙古今天下人口，久推為名家第一，向為宜興吳子問卿氏珍藏。順治庚寅間，問卿且死，愛不能割，直焚以為殉。其從子子文不忍以名物遽燼之劫灰，遂乘其瞶亂，旋投以他冊易出之，而已燬去其十之三四矣。是此圖已不能復為全璧，題之曰『剩山』，悲夫！然猶幸其結搆完全，儼然富春山在望。其後段所存者，亦尚有延袤數紙，然僅屬餘燼，未若此段之徧有鬼神呵護也，子文真此圖功臣哉。嗣並為好事者多金購去。其後段久歸之泰興季宦，而此前一段則為新安吳寄谷先生篋中祕寶。寄谷因為余購得《三朝寶繪圖》，選汰再四，已略盡古今名人勝事，而尚未得成編。戊申冬，慨然復以此圖見惠，余覽之覺天趣生動，風度超然，曰：『是可與《三朝寶繪》諸圖共傳不朽也。』因并出近所得元章先生《溪山雨餘圖》，裝成全冊，計共廿四幅。後之君子，其亦覽此圖而悲其所遇之不偶如此。康熙己酉（一六六九年）春王二月望日，廣寧王廷賓師臣識。

『乾惕子』（白文長方印）

『王廷賓印』（朱文方印）

七、吳湖帆題攝影拖尾：

富春真迹廣寧王氏本與泰興季氏本連接處合影。上方『吳之矩』白文方印、中間火痕，均在騎縫處；下方石坡小樹沙腳，除火痕空處，各經補筆外，餘皆一氣連屬。圖中火痕五孔，愈前愈巨，可證此本之前，已毀去若干矣。癡翁款識在季氏本之末，一并影入。湖帆記。

『吳生』（朱文長方印）

影本依原本縮成百分之五五。

右下方有『其貞』小印，其貞即新安吳寄谷也。前日詩初來云，彼藏有寄谷《書畫記》六卷，此本錄入也。

第一火痕處。

第二火痕處。

第三火痕，適當兩紙接處，故最上『吳之矩』騎縫印處存原紙連接，約一寸半下即火痕，山腳適在缺處，後經補綴，故與後紙反不連續，實後幅山腳隱隱尚存澹墨痕。且『寶笈三編』印、『季』字半圓印，皆鈐在缺處，未經補筆。

第四火痕處。

第五火痕處。原本上後半尚存火痕兩處，愈後孔痕愈小。

此卷真迹，僅存燼餘二尺弱，前後無款字，故將故宮博物院所藏下半卷泰興季氏本之原款識一併攝影裝入，以備考證。

清高宗先得之《山居圖》款識，既非癡翁歸富春之年，又非為無用師而作，更非為吳氏雲起樓舊藏之本，不知聖明睿哲之高宗，一時阿私，何所據而云？然且在《山居圖》上前後五十五跋之多，誤認數十年之久，奇矣！

『湖颿書畫』（白文方印）

八、吳湖帆跋：

大癡黃翁在勝國時，以山水馳聲東南，其博學惜為畫所掩。所至三教之人，雜然問難，翁論辯其間，風神疎逸，口如縣河。今觀其畫，亦可想見其標致。墨法筆法，深得董巨之妙，此卷全在巨然風韻中來。後尚有一時名輩題跋，歲久脫去，獨此畫無恙，豈翁在仙之靈，而有所護持耶？舊在余所，既失之，今節推樊公重購而得，又豈翁擇人而陰授之耶？節推莅吾蘇，文章政事，著為名流，雅好翁筆，特因其人品可尚，不然，時豈無塗朱抹綠者？其水墨淡淡，安足致節推之重如此？初翁之畫，亦未必期後世之識，後世自不無揚子雲也。噫，以畫名家者，亦須看人品何如耳，人品高則畫亦高，古人論書法亦然。弘治新元立夏，長洲後學沈周題。

右大癡長卷，昔在石田先生處，既失去，乃想像為之，遂還舊觀，為吾蘇節推樊公得之，是成化丁未歲也。至弘治改元，節推公復得此本，誠可謂之合璧矣。今又為吾思重所得，豈石田所謂『擇其人而授之』者耶？思重來南京，出二卷相示，為題其後。隆慶庚午四月，後學文彭記。

隆慶辛未中秋後三日，敬觀梁溪談氏澂懷閣，太原王穉登。

百谷閱後四十二日，周天球在天籟堂得并觀二卷者彌日。

大癡畫卷，予所見若檇李項氏家

藏《沙磧圖》長不及三尺，婁江王氏《江山萬里圖》可盈丈，筆意頹然，不似真跡。唯此卷規摹董、巨，天真爛熳，復極精能，展之得三丈許，應接不暇，是子久生平最得意筆。憶在長安，每朝參之隙，徵逐周臺幕，請此卷一觀，如詣寶所，虛往實歸，自謂一日清福，心脾俱暢。頃奉使三湘，取道涇里，友人華中翰為予和會，獲此圖，藏之畫禪室中，與摩詰《雪江》共相映發。吾師乎，吾師乎！一丘五岳，都具是矣。丙申十月七日，書于龍華浦舟中，董其昌。

余生平喜畫，師子久，每對知者論子久畫，書中之右軍也，聖矣。至若《富春山圖》，筆端變化鼓舞，又右軍之《蘭亭》也，聖而神矣。海內賞鑒家願望一見而不可得，余辱問卿知，凡再三見，竊幸之矣。問卿何緣，乃與之周旋數十載，置之枕藉，以臥以遊，陳之座右，以食以飲，倦為之爽，悶為之歡，醉為之醒。家有雲起樓，山有秋水庵，夫以據一邑之勝矣，溪山之外別具溪山，圖畫之中更添圖畫且也。名花繞屋，名酒盈樽，名書名畫，名玉名銅，環而拱一《富春圖》。嘗聞天上有富貴神僊，豈勝是耶？又聞子久當年元是仙人，故遺此迹與問卿遊戲耶？國變時，問卿一無所問，獨徒跣而攜此卷。嗟乎，此不第情好寄之，直性命徇之矣。彼五岳有真形圖，而富春亦有之，可異也。當年此圖畫與僧無用追隨，問卿護持此卷者，亦是一僧，可異也。庚寅畫畫，題畫人來，又適庚寅，可異也（湖帆按，王廷賓跋云：『順治庚寅間，問卿且死，愛不能割，直焚以為殉』云，可知逸老題畫與問卿死，同在是年。以畫殉火，蓋逸老所初不料也，更可異也）。雖然，余欲加一轉語焉：繪畫小道耳，巧取豪敓，何必蚤計，載之記中也。東坡不云乎：『冰上偶然留指爪，鴻飛那復記東西？』問卿目空一世，胸絕纖塵，乃時移事遷，感慨系之，豈愛根猶未割耶？龐居士不云乎：『但願空諸所有，不欲實諸所無。』嗟乎，余言亦太饒舌矣。野老鄒之麟識。

右諸家跋，皆自故宮博物院藏本之後錄入。戊寅（一九三八年）冬日，吳湖帆。

『吳』（朱文圓印）

『吳湖颿』（朱白文方印）

黃子久，至正七年（翁時年七十九歲）歸富春，為無用禪師作《富春山居圖》長卷，越三年而成。數百年來膾炙天下，推為藝林冠冕，鄒臣虎比之右軍《蘭亭》，謂聖而神矣。成化以前，藏吾鄉沈石田徵君處。弘治元年，為吾蘇節推樊公所獲（見三橋跋，語中節推名字未詳）。越八十二年，又為談思重得之（亦見三橋跋），是為隆慶四年也。翌歲之秋，王百穀書于梁溪談氏孟陵署，周公瑕觀于天籟堂。（公瑕真跋書『天籟堂』，式古堂刻作『天籟閣』，是否『項氏天籟閣』，抑公瑕筆誤？而卷尾固無項子京印也）。又越廿六年，萬歷廿四年，董思翁奉使三湘，取道涇里，得友人華中翰之介而得之。據董氏跋云：『憶在長安，每朝參之隙，徵逐周臺幕，請此卷一觀，如詣寶所』，則此卷之不在樊君處，不在梁溪談氏，不在天籟堂久矣。按鄒臣虎跋在順治七年，上越董氏跋五十五年，跋云：『問卿何緣，乃與之周旋數十載』，可知歸董氏未久，即歸荊溪吳問卿，問卿築雲起樓以貯之。此卷藏於問卿家，其時較久，又得董思翁、鄒臣虎諸家之宣譽，故《富春山居圖》與吳氏雲起樓，幾成肌膚，并論千古不朽矣。迨問卿彌留，遺命以《富春》真跡為殉，投之火中，於是《富春》真跡，人間烏有之謎，傳之二百餘載，不禁與《蘭亭》玉匣同慨。

《富春》之作，為無用禪師。《富春》之藏最著者，為吳問卿。明清以來，若《清河》、《式古》、《大觀》、《江村》諸書，所載綦詳，無一異辭，獨清高宗因乾隆十年冬先得《山居圖》卷，實《富春》之摹本也，款識：『大癡為子明隱君作』，記年曰：『至元戊寅』，後有宣德間孔諤跋詩，筆法亦粗獷無雅韻，高宗誤為真跡。翌年丙寅之冬，由傅文忠之進介，得《富春》真跡，及韓幹畫馬、東坡書等，抱先入為主之見，反以真跡為贋鼎，並認《山居圖》『山居』之上，遺脫『富春』二字，穿鑿臆斷，獨標創議，并勅沈文慤作諛辭于偽本之後，又命梁文莊書貶語于真跡之上，顛皂倒白，煮鶴焚琴，而後世耳食之徒，認天語褒題為繩準，附和讚賞，而有識者正傷心不置也。丁丑戊寅以還，吾江浙遍遭兵亂，故家文物散落至夥。今冬初，由汲古閣曹君攜宋元明大冊來，發之獲此卷，蓋即王師臣《三朝寶續》冊之半也。據王氏跋，順治庚寅，此卷殉火，幸問卿從子子文者，易他物得免全燼，此《剩山圖》者，燼餘本之最前段也，其後歸泰興季宦云。按季氏本，今藏故宮博物院者是也。季氏之後，歸王儼齋、安儀周而入清宮，今卷中有『揚州季因是收藏印』、『季寓庸印』、『季』字圓印（最前有『季』字圓印之半，即鈐于火燒痕之間）、王儼齋藏印可證據，清高宗跋山居圖云：『安氏得此，未久即出，故安氏未鈐印記，絕非安氏所藏為另一本也。』故宮博物院藏本，余前年與《山居圖》卷同時寓目，紙色與此本相同，每節有『吳之矩』白文方印騎縫鈐記，第一節之前上角存『之矩』二字半印，與此本左上角『吳』字半字適符合。第一節中間存火燒痕四處半，此本存火燒痕二處半，其第三處適當兩紙接處，『吳之矩』印之下，前後七處，前者愈大，後者愈小，可證此本之前，燬去若干。據董思翁跋云『展之得三丈許』，是未毀時本，《式古堂》、《江村錄》皆云『二丈』，乃已毀時本。此《剩山圖》存二尺弱，蓋中間之一段也。其前臆測被毀盈丈，與王師臣云『毀去十之三四矣』一語亦合。清高宗強自牽合之說，可以廢矣；《富春圖》劫火靡遺之謎，可以破矣，為之快然。癡翁千秋，《富春》千秋。戊寅（一九三八年）冬日病起，識于梅景書屋，吳湖帆。

『東莊』（朱文方印）

『吳萬私印』（白文方印）

『梅景書屋』（朱文長方印）

九、王同愈跋：

大癡富春，聖而神矣。天際之龍，獨見其尾。凡六百年，石渠清祕。劫灰可認，遺迹則五。延津劍合，有吳季子。賸山一角，神鬼呵護。易以商彝，儷之漁父。天上蘭亭，人間獨步。己卯（一九三九年）人日，八十五叟王同愈。

『王同愈』（朱白文方印）

『王勝之』（朱白文方印）

十、葉恭綽跋：

大癡《富春山居圖》為焜燿古今劇跡，自被荊溪吳氏雲起樓臨終投火後，遂損完璧，世僅知清宮所藏後半為僅存之物。湖帆新獲此卷，有王廷賓跋，記載甚詳，審即為清宮所藏卷之前半幅，中有『吳之矩』騎縫半印，尤足徵即雲起樓故物無足疑者，碎佩零璣，彌堪珍視。後半自泰興季氏、華亭王氏而入清宮，淵源可溯。甚冀湖帆將此前半之流傳經過，亦考而敘之，增成畫苑故實，亦離亂中一快事也。聞湖帆養疴滬上，得此而霍然，陳檄杜詩，正堪比擬，附志以資談助。民國二十八年（一九三九年）

一月，葉恭綽。

『恭綽』（朱文方印）

『融齋』（白文方印）

十一、吳詩初跋：

王師臣，三韓諸生，隸漢軍籍，仕為山東臬司，左遷揚州通判。在揚日，蒐求法書名畫，藏弆頗富，所得以寄谷作緣者為多，此其一焉。寄谷，歙人，吳公一其貞別字，雅善鑒古，為飛鳧中之佼佼者，著有《書畫記》六卷，余藏有傳寫本。按此圖寄谷得之丹陽張範我，許即王跋所謂好事者是。己卯（一九三九年）元日，過梅景書屋，獲觀大癡《剩山圖》真跡，漫識并志眼福，辟疆學人吳詩初。

『青浮閣』（白文方印）

十二、夏敬觀跋：

欲於畫中聞要道，傳摹不似覩真好。平生想像黃大癡，苦恨人間迹如掃。石渠留得片紙在，往窺《富春》一鱗爪。醜廬眼明忽遭遇，割捨商尊換茲寶。大嶺當前二尺弱，雙段合蹤無此巧。燼餘題作《賸山圖》，兩字驚心色然愀。昔賢尚論元四家，首數癡翁絕傾倒。嘗云辣手赴機迅，一擊欲椎禽碎腦。峰巒草樹頃刻成，未落墨前思先窈。此境尤難出平澹，不爾無由釋矜燥。就參妙諦匪吾欺，展對明窗胸若澡。癡翁寫此閱三年，逐旋填劄非草草。中無一筆染凡塵，落落真人在天表。醜廬仁兄屬題，新建夏敬觀。

『忍古樓』（朱文方印）

十三、吳徵跋：

己卯（一九三九年）春仲，褒鋗居士吳徵觀于滬上。

十四、褚德彝跋：

己卯年（一九三九年）春三月朔，集張氏韞輝齋，湖颿世兄出大癡《富春山圖》真蹟見示，同觀者吳興沈尹默、長沙黃仲明、吳縣潘厚、王季遷、太倉朱增鈞、海甯徐邦達，及主人吳興張珩、餘杭褚德彝記。

十五、馮超然跋：

己卯（一九三九年）三月，獲觀於嵩山草堂，晉陵馮超然識。

『嵩山居士』（朱文方印）

十六、張珩跋：

大癡道人《富春山居圖》，名重一時，明末為吳之矩所得，至欲焚以殉，幾歸天上，此《賸山圖》即其燼殘也。今春見之曹氏汲古閣，攜置齋中凡經匝月，卒歸湖帆世丈。裝潢始就，神明煥然，將與吳仲圭《漁父圖》同為梅影書屋永存珍秘。昔董思翁題南宮《蜀素帖》有『大似米老重覩《研山》，不勝其妬恨』之語，余於此卷亦云。己卯（一九三九年）三月朔，小雅韞輝齋重以見示，謹題於後，誌墨緣之自有定數云。希逸張珩。

『西邨小隱』（白文方印）

『烏程』（朱文圓印）

十七、陳定山跋：

己卯（一九三九年）秋日，與湖帆道兄重展此卷於梅景書屋之晴窗下。自靜淑夫人云歿，此事久廢，蓋二月矣，覽卷憮然。九月六日，蝶野記。

十八、馬衡跋：

三十六年（一九四七年）五月，德清徐鴻寶、鄞馬衡同觀於四歐堂。

『馬衡』（白文方印）

十九、張大千跋：

己卯（一九三九年）十一月十一日，與湖帆老長兄作別，重觀此卷謹識紙尾，大千張爰。

二十、王蘊章跋：

壬午（一九四二年）四日，過嵩山草堂獲觀此卷，藉志眼福，西神王蘊章。

二十一、葉恭綽跋：

一卷重開歷劫前，眼明驚見舊山川。情塵不障三千界，畫派能追五百年。定論漫教真宰訴，微生黛藉畫人傳。秋山石壁從渠較，洗髓應知骨已僊。湖帆得此卷後，撮影見寄，因為前跋。今秋來滬，始見真面，如覩天人瑞相，非野狐所能妄擬。風雨如晦，吾輩猶得于顛頓之餘，有此賞析之樂，可勝厚幸，書此以志欣慨。民國三十一年（一九四二年）十一月，遐庵葉恭綽。

「綽」（朱文圓印）

「此中人語」（白文方印）

二十二、汪東跋：

丙戌（一九四六年）五月，與陶心如丈、沈尹默、張秉三蔥玉、褚保權、金啟靜、常域俊同觀。是日孫邦瑞約而未至，遣人送《虹月樓圖》卷來，因得併觀，可謂勝緣矣。汪東記于梅景書屋。

二十三、吳湖颿跋：

《錦纏道》（倚宋子京格）。大嶺橫雲，七里淺瀧流露。指嚴陵、釣臺高據。小舟江上盟鷗鷺。醉惹癡翁，健筆名山賦。 溯前朝六家（沈石田、樊舜舉、談思重、董玄宰、吳澈如及張範我），幾經珍護。詫荊溪、化情塵土。歎石渠清祕深宮妬。賸山緣分，惟我天相許。辛卯（一九五一年）春日，梅景書屋書，吳湖帆倚調。

「倩盦」（白文方印）

「湖颿長壽」（白文方印）

鑑藏印章

一、吳正志鈐印：

「吳（之矩）」（白文方印）

二、吳其貞鈐印：

「其貞」（朱文方印）

三、吳湖帆、潘靜淑鈐印：

「至寶」（朱文葫蘆印）

「銘心絕品」（朱文方印）

「靜淑書畫」（朱文方印）

「吳湖颿珍藏印」（朱文長方印）

「梅景書屋秘笈」（朱文長方印）

「雙修閣圖書記」（朱文長方印）

「梅景書屋吳湖颿潘靜淑夫婦同珍之寶」（朱文方印）

「吳萬寶藏」（朱文方印）

「靜淑寶藏」（白文方印）

「梅景書屋」（朱文方印）

「潘靜淑」（朱文方印）

「湖颿私印」（白文方印）

「吳氏圖書記」（朱文長方印）

「吳氏文庫」（朱文方印）

「大癡富春山圖一角人家」（朱文長方印）

「吳湖颿」（朱白文方印）

「江南吳氏世家」（朱文方印）

「醜簃長樂」（白文方印）

「吳潘靜淑」（白文方印）

「湖颿寶此過於明珠駿馬」（朱文長方印）

「湖颿長壽」（白文方印）

包首題籤

畫苑墨皇元黃子久富春山居圖真迹。爐餘殘本，梅景書屋祕寶。己卯（一九三九年）元旦，吳湖帆題。

「醜簃長壽」（白文方印）

沈周仿黃公望富春山居圖釋文

款識：

大癡翁此段山水，殆天造地設，平生不見多作，作輟凡三年始成。筆跡墨華，當與巨然亂真，其自識亦甚惜。此卷嘗為余所藏，因請題于人，遂為其子乾沒。其子後不能有，出以售人，余貧又不能為直以復之，徒系於思耳。即其思之不忘，廼以意貌之，物遠失真，臨紙惘然。成化丁未（一四八七年）中秋日，長洲沈周識。

『沈』（朱文方印）

『啓南』（朱文方印）

『石田』（白文方印）

『沈氏啓南』（朱文方印）

引首：

石田富春山圖。水竹邨人。

『看雲樓』（白文長方印）

『世昌之印』（白文方印）

『弢齋書畫』（朱文方印）

隔水題籤：

石田翁富春山圖。

題跋一：

《溪山勝處圖歌》。溪山有勝處，每恨不到眼。今日見畫圖，百里歸一覽。昔年落筆云是誰，井西道人黃大癡。若推北苑作大匠，未信釋巨真吾師。遠樹淺綠近山赤，長波不動天光碧。豈無村莊鬧雞犬，亦有漁船並吹笛。汀花岸草各自媚，竹屋茅亭相閒寂。絕憐臨者能逼真，不甚用墨多手神。郡齋政閒恣開闔，欲與溪山為主賓。溪茫茫，山歷歷，溪平鋪練山列戟。唯尊泰岱數峰青，未數揚州五湖白。我生亦與世味澹，見此撩動溪山癖。便呼筆硯來我前，凌駕大癡逼巨然。欲由巨室闖北苑，一綫寫出江南天。書題以卷還郡齋，狂言問君愜所懷。涉溪安得與君採芳芷，尋山信我踏青鞖。我將送君北上御史臺，畫船凌風掛席來。更與溪山增氣象，人識君有磊落澄清才。它時相憶復披展，溪山如舊故人遠。吳郡節推樊君舜舉得大癡臨本，喜甚，徵余作歌。溪山勝處畫得之，歌則不逮焉。成化丁未（一四八七年）重九前一日，姚綬書。

『姚公綬氏』（朱文長方印）

『蘭臺逸叟』（朱文方印）

『嘉禾』（朱文方印）

題跋二：

大癡道人唐鄭虔，平生癡絕仍畫絕。長卷當年我亦觀，大略猶能為人說。山川歷歷百里開，彷彿扁舟適吳越。平橋曲沼客慣游，複嶂重湖天所設。漁工樵子互出沒，定有高人在巖穴。墨瀋淋灕拾未能，信得畫家山水訣。為人說此亦徒然，把筆安能指下傳。對本臨摹未為苦，運思想象誰當專。晴窗淺色手自改，輸與吾鄉沈石田。長洲吳寬。

題跋三：

石田嘗臨大癡小畫，自題云：『恰好二百年來，翻身出世作怪』，蓋自擬於大癡矣。然世之人不以為過，而輒亦謂之大癡，以其胸中有大癡力量耳。不然，幾何不為東家施耶？觀於此卷，尤信思重太常既得大癡之卷，而又復得此，誠可謂合璧矣。隆慶四年歲在庚午（一五七〇）初夏，後學文彭題於金陵寓舍。

『文彭之印』（白文方印）

『國子先生』（朱文方印）

『壽承氏』（白文方印）

題跋四：

辛未（一五七一年）九月廿八日，周天球在天籟堂縱觀竟日。

題跋五：

大癡《富春大嶺圖》舊為余所藏，今復見白石翁背臨長卷，冰寒於水，信可方駕古人而又過之，不如是安免重儓之誚。丙寅（一六二六年）九月望，觀於惠山，其昌。

『玄宰』（白文方印）

題跋六：

石田《富春圖》，余向時別有一卷，為好事家乞去。而巒容樹色，則此卷尤勝，所謂不為大癡法縛，而奄有其妙者耶。林村居士淞洲。

『謝』（朱文方印）

『青笠綠簑齋藏』（朱文長方印）

鑑藏印章

一、王時敏鈐印：

『掃花菴』（朱文方印）

『王時敏印』（朱文方印）

『太原王遜之氏收藏圖書』（朱文長方印）

『偶諧道人』（白文方印）

『煙客鑑藏』（朱文方印）

二、宋犖鈐印：

『緯蕭草堂畫記』（朱文長方印）

『商丘宋犖審定真跡』（朱文長方印）

三、謝淞洲鈐印：

『林邨爰居』（朱文方印）

四、唐仲冕鈐印：

『唐仲冕印』（白文方印）

五、孫爾準鈐印：

『樂安孫爾準平叔審定』（白文方印）

『孫爾準平生真賞』（朱文長方印）

『孫爾準鑒定印』（朱文方印）

『海棠巢珍藏印』（朱文方印）

『豔秋閣物』（朱文方印）

『孫爾準藏』（朱文方印）

六、孫慧翼鈐印：

『子雲審定』（朱文方印）

『湛華閣書畫印』（白文長方印）

七、吳榮光鈐印：

『吳榮光印』（朱文長方印）

『荷齋』（朱文方印）

八、徐世昌鈐印：

『青宮少保』（朱文方印）

『弢齋祕笈』（朱文方印）

九、汪士元鈐印：

『寂盦藏畫』（朱文方印）

『平陽汪氏家藏』（白文方印）

『麓雲樓書畫記』（朱文方印）

『向叔寶之』（朱文方印）

『向叔古緣』（白文方印）

『士元珍藏』（朱文方印）

『寂盦鑒定』（朱文方印）

『向叔平生長物』（朱文長方印）

『汪士元印』（白文方印）

『向叔心賞』（朱文方印）

寫山水訣

黃公望

黃子久散人公望，自號大癡，又號一峰，本姓陸，世居平江之常熟，繼永嘉黃氏，穎悟明敏，博學彊記，畫山水宗董、巨，自成一家，可入逸品。其所作《寫山水訣》，亦有理致，邇來初學小生多效之，但未有得其髣髴者，正所謂畫虎刻鵠之不成也。

近代作畫，多宗董源、李成二家。筆法樹石，各不相似，學者當盡心焉。

樹要四面俱有榦與枝，蓋取其圓潤。

樹要有身分，畫家謂之紐子，要折搭得中，樹身各要有發生。

樹要偃仰稀密相間，有葉樹枝軟，面後皆有仰枝。

畫石之法，先從淡墨起，可改可救，漸用濃墨者為上。

石無十步真，石看三面，用方圓之法，須方多圓少。

董源坡腳下多有碎石，乃畫建康山勢。董石謂之麻皮皴，坡腳先向筆畫邊皴起，然後用淡墨破其深凹處。著色不離乎此，石著色要重。

董源小山石，謂之礬頭，山中有雲氣，此皆金陵山景。皴法要滲軟，下有沙地，用淡墨掃，屈曲為之，再用淡墨破。

山論三遠：從下相連不斷，謂之平遠；從近隔開相對，謂之闊遠；從山外遠景，謂之高遠。

山水中用筆法，謂之筋骨相連。有筆有墨之分，用描處糊突其筆，謂之有墨；水筆不動描法，謂之有筆。此畫家緊要處，山石樹木皆用此。

大概樹要填空（去聲）。小樹大樹，一偃一仰，向背濃淡，各不少相犯。繁處間疎處，須要得中。若畫得純熟，自然筆法出現。

畫石之妙，用藤黃水浸入墨筆，自然潤色，不可用多，多則要滯筆。間用螺青入墨亦妙。吳妝容易入眼，使墨士氣。

皮袋中置描筆在內，或於好景處見樹有怪異，便當模寫記，分外有發生之意。登樓望空闊處氣韻，看雲采即是山頭景物。李成、郭熙皆用此法。郭熙畫石如雲，古人云『天開圖畫』者是也。

山水中，唯水口最難畫。

遠水無痕，遠人無目。

水出高源，自上而下，切不可斷脈，要取活流之源。

山頭要折搭轉換，山脈皆順，此活法也。眾峰如相揖遜，萬樹相從，如大軍領卒，森然有不可犯之色，此寫真山之形也。

山坡中可以置屋舍，水中可置小艇，從此有生氣。山腰用雲氣，見得山勢高不可測。

畫石之法，最要形象不惡。石有

公姓黃諱公望字子久本常熟陸神童之弟出繼永嘉黃氏父年已九十始得之曰黃公望子久矣因而名字焉少舉神童性聰敏博極羣書於技能無不通曉補浙西憲掾以忤權豪弃去黃冠野服往來三吳間開三教堂于蘇之文德橋三教中人多執弟子禮晩爱杭之

黃高士像

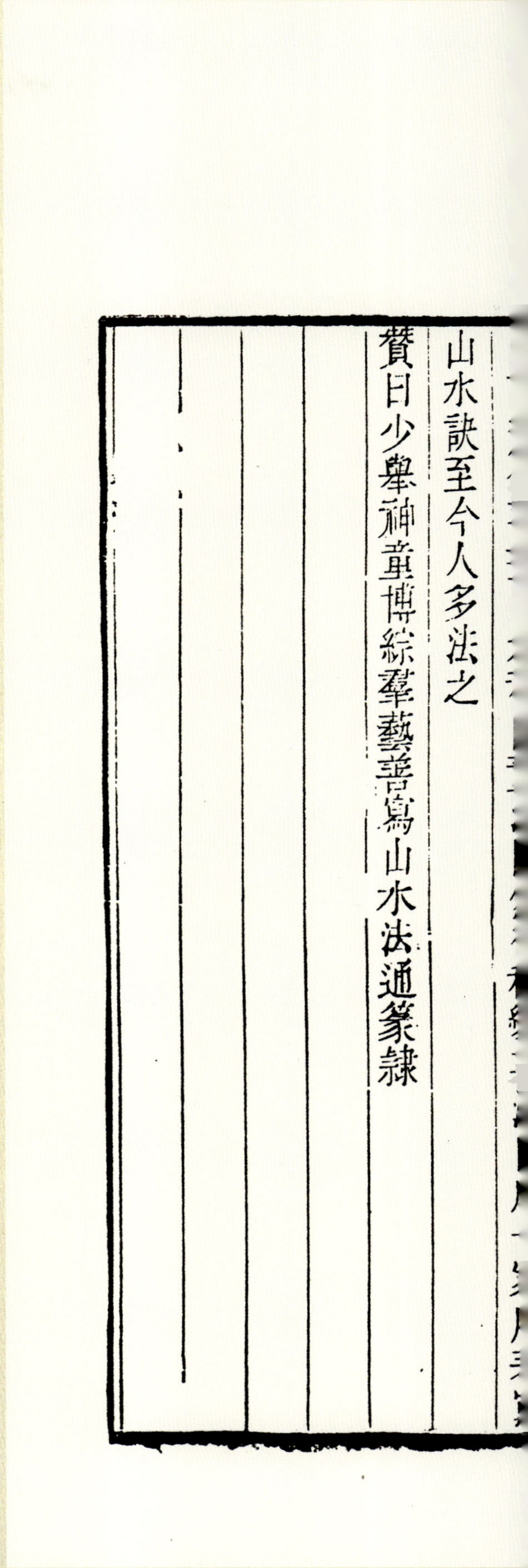
山水訣至今人多法之
賛日少舉神童博綜羣藝善寫山水法通篆隸

三面，或在上，在左側，皆可為面，臨筆之際殆要取用。

山下有水潭，謂之瀨。畫此甚有生意，四邊用樹簇之。

畫一窠一石，當逸墨撇脫，有士人家風，纔多便入畫工之流矣。

或畫山水一幅，先立題目，然後著筆。若無題目，便不成畫。更要記春夏秋冬景色：春則萬物發生，夏則樹木繁冗，秋則萬象肅殺，冬則煙雲黯淡，天色模糊。能畫此者為上矣。

李成畫坡腳，須要數層，取其濕厚。米元章論李光丞有後代兒孫昌盛，果出為官者最多，畫亦有風水存焉。

松樹不見根，喻君子在野。雜樹喻小人崢嶸之意。

夏山欲雨，要帶水筆。山上有石小塊堆在上，謂之礬頭。用水筆暈開，加淡螺青，又是一般秀潤。畫不過意思而已。

冬景借地為雪，要薄粉暈山頭。

山水之法，在乎隨機應變。先記皴法不雜，布置遠近相映，大概與寫字一般，以熟為妙。紙上難畫，絹上礬了好著筆，好用顏色，易入眼。先命題目，此為之上品。古人作畫，胸次寬闊，布景自然。合古人意趣，畫法盡矣。

好絹用水噴濕，石上槌眼匾，然後上幀子。礬法：春秋膠礬停，夏月膠多礬少，冬天礬多膠少。

著色：螺青拂石上，藤黄入墨畫樹，甚色潤好看。

作畫祇是箇理字最緊要，吳融詩云：『良工善得丹青理』。

作畫用墨最難，但先用淡墨，積至可觀處，然後用焦墨、濃墨，分出畦徑遠近。故在生紙上有許多滋潤處，李成惜墨如金是也。

作畫大要，去邪、甜、俗、賴四箇字。

陶宗儀《輟耕錄》卷八

Old Trees, Level Distance in the Metropolitan Museum Collection possesses a vast and boundless scenery that resembles the spacious section of *Dwelling in the Fuchun Mountains*. This similarity should not be accidental all along in the art history.

Since the development of painting during the Yuan dynasty has opened up a new horizon in self-expressiveness, the use of ink wash had been increasingly favoured by artists. Being a practitioner of Daoism, Huang Gongwang pushed this technique to the extreme. When the Ming painters took *Dwelling in the Fuchun Mountains* to be their model, a large number of imitations were produced. Even after the original masterpiece was confined in the Forbidden City during the Qing, continuous modelling of the painting was made possible by means of the earlier copies, through which Huang Gongwang's art has been giving inspirations to many painters of all time.

Notes

① For full discussions on the artist and his masterpiece, see Chang Kuang-pin 張光賓, *The Four Great Masters of the Yuan* (Taipei: The National Palace Museum, 1975), pp. 11–16, and Maxwell K. Hearn, "The Artist as Hero," in Wen C. Fong & James C.Y. Watt, ed., *Possessing the Past: Treasures from the National Palace Museum, Taipei* (New York: Metropolitan Museum of Art, 1996), pp. 299–304.

work. (*Wuyong* scroll for the other in accordance.) Despite its apparently lower quality, the *Ziming* scroll preserves the original appearance of *Dwelling in the Fuchun Mountains* on the opening part which can be compared with *The Leftover Landscape*. This implies that it was a copy produced before 1650. However, about 1.5 metres at its ending section is missing. It is supposed that an inscription or signature was trimmed away when making of this faked Huang Gongwang.

Based on Xu Fuguan's opinion, the paper of the *Wuyong* scroll looks too new and the brushworks are weak, regardless of the fact that it is widely acknowledged over the *Ziming* scroll. He even claimed that the story of being burnt by Wu Hongyu was completely fictional. With Xu's repute, his essays gave rise to serious responses from his colleagues. Persisted for more than a year's time, the argument made the values of the masterpiece known to the world. No other ancient paintings had ever attracted such great amount of public attention so far. Hence, *Dwelling in the Fuchun Mountains* is known to be the most important work by Huang Gongwang.

Notwithstanding this long scroll was divided into two parts, its original composition can be roughly restored by placing printed images together. Similar to a formal essay, the painting comprises four movements in structure: opening 起, follow-up 承, further development 轉, and conclusion合. *The Leftover Landscape*, being the introductory section, forms the opening movement on which a mountain arises solemnly. The range of this mountain slopes forwards to receive its viewers, suggesting a connection between the reality and the pictorial space. Followed by a transitional spaciousness, this is then replaced by the second movement that sees a lofty steep mountain. The rhythmic brushworks and luxuriant techniques of ink make this section the crescendo of the painting. When the mountain range steps back gradually to fade out to the far, a group of pine trees with a thatched pavilion emerges at the near distance. Inside the pavilion sits a hermit looking rightwards to a flock of water birds. His posture is echoed by a fisherman in a small boat in the further far. This beautiful scene of lyrical serenity stands for the main theme of the whole work. After that, the viewers arrive at an even more spacious section featuring an unfrequented, long passage. The desolate atmosphere predicts a brilliant finale to the left, where the scroll is concluded by a peak coming out from sandy banks. Its sharp form announces the end of the narrative landscape.

Presented on this work are two signature styles of Huang Gongwang's, i.e. platform motif and hemp-fibre texture strokes pioneered by Dong Yuan 董元 (fl. mid-10th c.) and Ju Ran 巨然 (fl. ca 960–983) of the tenth century. Huang Gongwang is believed to be a follower of the Dong–Ju tradition. Nevertheless, another two ancient masters, Li Cheng 李成 (10th c.) and Guo Xi 郭熙 (ca 1000–ca 1090) exerted great influences on Huang Gongwang as well. Not only did Huang Gongwang mention Li Cheng on an equal base to Dong Yuan in his *Guide to Landscape Painting* 畫山水訣, his idea of pictorial perspective is also a modification of that of Guo Xi's "high distance", "deep distance" and "level distance". The "three-distances" were first brought up by Guo Xi in the eleventh century. After four hundred years, Huang Gongwang revised this principle as "level distance", "broad distance" and "high distance" with new definitions. His explanation of "level distance" has become a synonym of landscape painting in handscroll format in spite of the more popularity of Guo Xi's principle. The affinity between Huang Gongwang and the Li–Guo tradition is affirmed visually through an extant work by Guo Xi. The painting entitled the Xia's in Yunjian."

This work was dedicated to his Daoist friend Wuyong 無用, originally named Zheng Chu 鄭樗. Brushstrokes were added spontaneously onto the painting one by one in an extremely deliberate mood. It was still undergoing creation at the moment when the artist wrote this inscription in 1350. Considering the artist's death in 1354, the work actually took no less than four years but not exceeding seven years to finish. Full of ethereal serenity, this long scroll of more than seven metres in length represents not only the height of Huang Gongwang's art but also the zenith of the ink-style painting of the Yuan.

Throughout the Ming period, the scroll passed through many collectors' hands. Shen Zhou 沈周 (1427–1509) owned this masterpiece for a while but lost it in the end. When Dong Qichang 董其昌 (1555–1636) became the new owner in 1596, his excitation at the moment he acquired the painting was recorded in his colophon. Yet the legend did reach the climax only after *Dwelling in the Fuchun Mountains* came to the hands of Wu Zhengzhi's 吳正志. Wu Hongyu 吳洪裕 (?–1650) was the youngest son of Wu Zhenzhi who inherited the family collection. Deeply indulged in this painting, he decided to burn it as a sacrifice on the verge of his death. It was so fortunate that Wu Zhendu 吳貞度, a quick-witted nephew of Wu Hongyu, salvaged the scroll from the fire at the critical moment. This very turn of fate happened three hundred years later in another year of *gengyin* 庚寅, five sixty-year's cycles after Huang Gongwang inscribed on it. Because of the damage on the beginning section, the scroll was split into two: *Dwelling in the Fuchun Mountains* as seen nowadays remains about 6.5 metres in width; a small painting of 0.5 metres was remounted individually and named as *The Leftover Landscape*.

In 1746, *Dwelling in the Fuchun Mountains* entered into the Qing Court, bringing an end to its history in private collections. When the Palace Museum was founded by the Republic government in 1925, the painting became one of the museum collection. Together with many other antiquities, it made its way to the south for safety purpose during the wartime. In 1948, it was shipped to Taiwan.①

The Leftover Landscape, the detached part of the *Dwelling in the Fuchun Mountains*, first passed from art dealer Wu Qizhen 吳其貞 (1607–after 1677) to Wang Tingbin 王廷賓 in 1668, forming one of the twenty-four leaves of an album by ancient masters. In the early Republic era, the album was sold to Cao Youqing 曹友慶 in Shanghai by a certain mister Chen. When Wu Hufan 吳湖帆 (1894–1968) bought it in 1934, *The Leftover Landscape* was taken apart changed to a handscroll. The new owner commissioned a portrait of Huang Gongwang from his artist friend Zheng Mukang 鄭慕康 (1901–1982) which becomes part of the frontispiece. In 1956, the scroll reached its final destination at the Zhejiang Provincial Museum in Hangzhou.

Nevertheless, the legend did not come to an end. In 1974, the modern Confucian scholar Xu Fuguan 徐復觀 (1903–1982) triggered a debate on the authenticity of this painting. This seems to be a replay of the misjudgement by the Qing Emperor Qianlong. When *Dwelling in the Fuchun Mountains* entered the Imperial Collection, Emperor Qianlong believed it to be an imitation. It was because just a year before another scroll with identical composition had reached his hand and became one of his favourites. This version is generally called the *Ziming* 子明 scroll, deriving its name from the recipient's name of this

Dwelling in the Fuchun Mountains: Legend of a Painting

Lee Chi Kwong

The legend of the Fuchun Mountains began some two thousand years ago when Yan Guang 嚴光 (37 BC–AD 43) refused to take up the post as high official by finding hermitage in the mountains. Yan Guang, alias Ziling 子陵, was a close friend of Liu Xiu 劉秀 (6 BC–AD 57), who subsequently defeated the throne usurper Wang Mang 王莽 (45 BC–AD 23) and resumed the Han dynasty. Known as Emperor Guangwu of the Eastern Han, Liu Xiu invited the old friend to be his courtier but Yan Guang declined the offer. Since then, the Fuchun Mountains has garnered fame for being a legendary recluse place.

During the Yuan dynasty, Huang Gongwang 黃公望 (1269–1354) visualized the famous scenic spot in his masterpiece painting that allows viewers to reminisce this historical story in a whole new way. Huang Gongwang was originally born to the Lu 陸 family in Changshu, Jiangsu province. After his parent's death in his early childhood, he was adopted by the old mister Huang Le 黃樂 from Yongjia of Zhejiang. His new name Gongwang and alias Zijiu 子久 came from Huang Le's words: "*Huang gong wang zi jiu yi* (Old Huang has been expecting a son for so long)." Huang Gongwang became a student of Zhao Mengfu (1245–1322) when he grew up. He later worked as a clerk in the Surveillance Office of West Zhejiang. Soon after being transferred to the Investigative Censorate in Dadu (Beijing), he was accused of corruption and put into jail for some time. After vindication at his mid-life, he took the courtesy name Dachi 大癡 and made a living by divination in the Songjiang area. Around the age of sixty, he became a disciple of the Daoist priest Jin Zhiyang 金志揚 (1276–1366) of the Quanzhen sect. With the sobriquets Jingjian Xueren 靜堅學人, Yifeng Daoren 一峰道人 and Jingxi Laoren 井西老人, he travelled around Suzhou, Songjiang, Changshu and Hangzhou, and spent his final years in the Fuchun Mountains. Though not a scholar-official, Huang Gongwang was a man of civilised background with proficiency in poetry and painting. Among his closed friends are the renowned artists/daoists Wu Zhen 吳鎮 (1280–1354), Ni Zan 倪瓚 (1301–1374), Wang Meng 王蒙 (1308–1385), Zhang Yu 張雨 (1283–1351), Ke Jiusi 柯九思 (1290–1343), Yang Weizhen 楊維楨 (1296–1370), Cao Zhibo 曹知白 (1272–1355), and Fang Congyi 方從義 (ca 1302–1393), etc. Huang Gongwang's character is said to be so unrestrained that during his sojourn in Changshu he used to carry a vase of wine to drink and sing alone at night, while sitting on the moonlit bridge. The water below was as a result filled with empty vases. He passed away at the age of eighty-six in 1354.

Dwelling in the Fuchun Mountains is a landscape scroll executed in ink. According to Huang Gongwang's words, the creation of this work was begun after his settling down in Fuchun of Zhejiang in 1347. At the end of the painting is an inscription by him:

"In the seventh year of the Zhizheng era, I returned to my dwelling in the Fuchun Mountains in company with Priest Wuyong. On leisure days, I pick up my brush to paint this scroll. When the mood comes, I lay out the composition paying no attention to time. Thus the work is not yet finished even three or four years past because I travel outside frequently leaving the painting behind in the mountains. I am then taking it with me in my baggage to continue working on it during spare times in the morning or evening. Wuyong worries that some villain might seize the painting, so I inscribe the end of the scroll beforehand, recording the hardships of its creation. On the day before the Chu Festival [Dragon Boat Festival] in the tenth year, *gengyin* [1350], written by Dachi Xueren at the Zhizhi Hall of

黃公望富春山居圖

HAN MO SERIES B3

Paintings of Famous Ancient Chinese Artists

Huang Gongwang: Dwelling in the Fuchun Mountains

Edited By Hui Lai Ping

Han Mo Xuan Publishing Co., Ltd.

责任编辑：李　穆
责任印制：王少华、张　丽

图书在版编目（CIP）数据

黄公望富春山居图 / 许礼平编. —北京：文物出版社，2011.6
ISBN 978-7-5010-3179-5

Ⅰ. ①黄… Ⅱ. ②许… Ⅲ. ①山水画—作品集—中国—元代②山水画—鉴赏—中国—元代 Ⅳ. ①J 222.47②J 212.05

中国版本图书馆CIP数据核字（2011）第095648号

黄公望富春山居图

许礼平 主编
出版发行　文物出版社
地　　址　北京市东直门内北小街2号楼
邮　　编　100007
网　　址　www.wenwu.com
电子邮箱　web@wenwu.com
经　　销　新华书店
印　　制　深圳雅昌彩色印刷有限公司
开　　本　889×1194毫米　1/16
印　　张　11
版　　次　2011年6月第1版　第1次印刷
书　　号　ISBN 978-7-5010-3179-5
定　　价　180.00元